知ってほしいアフガニスタン

戦禍はなぜ止まないか

NGO「カレーズの会」理事長
レシャード・カレッド

高文研

◆──もくじ

第Ⅲ章　「カレーズの会」八年間の歩み

装丁・商業デザインセンター——増田　絵里

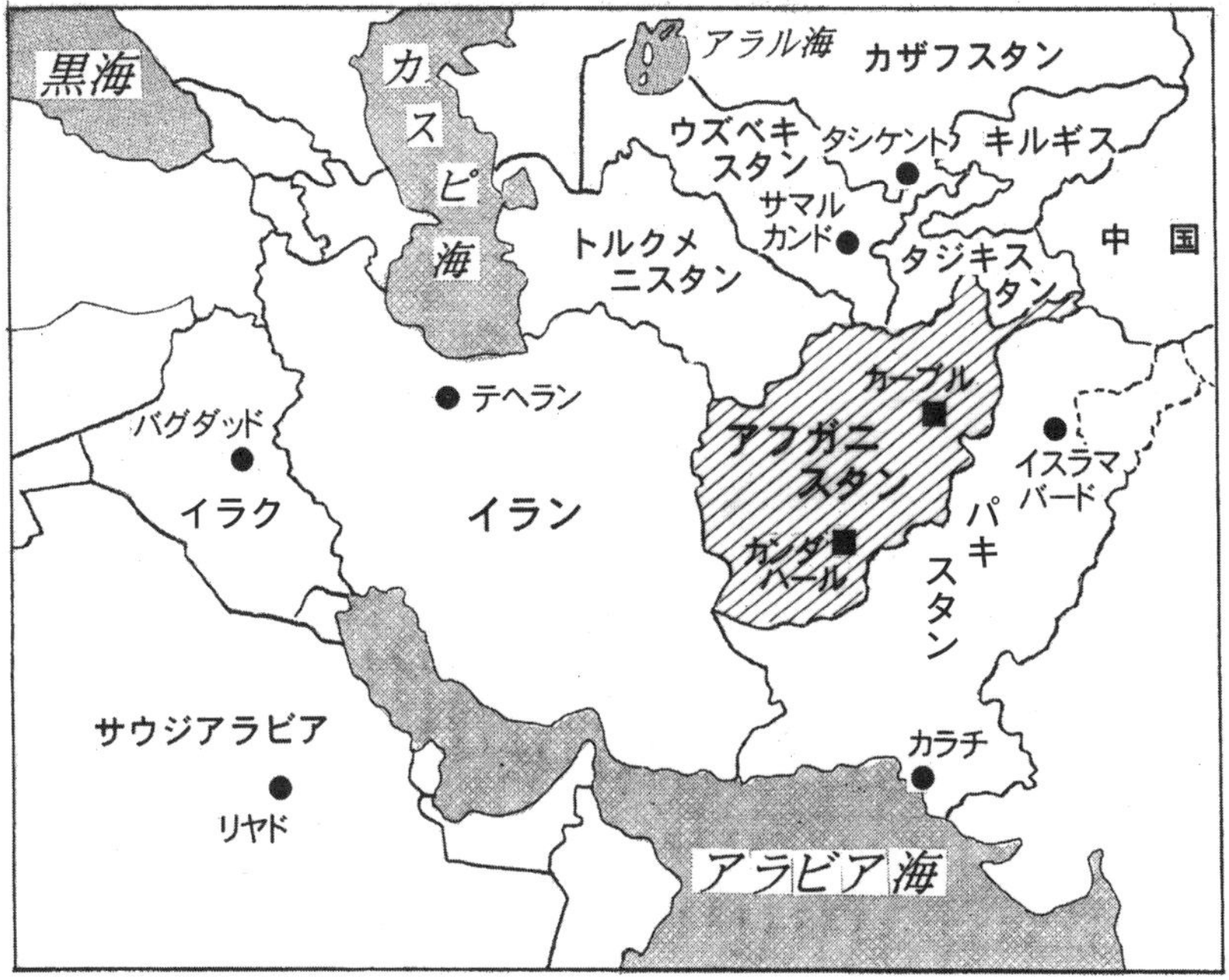
黒海
カスピ海
アラル海
カザフスタン
ウズベキスタン
タシケント
キルギス
サマルカンド
トルクメニスタン
タジキスタン
中国
テヘラン
カーブル
アフガニスタン
バグダッド
イスラマバード
イラク
イラン
カンダハール
パキスタン
サウジアラビア
カラチ
リヤド
アラビア海

アフガニスタン
マザリシャリフ
カーブル
バーミヤン
ヘラート
ペシャワール
イスラマバード
カンダハール
カレーズの会
現地拠点

はじめに

現在のアフガニスタンの荒廃した有様をテレビで見るみなさんには信じられないでしょうが、つい三〇年ほど前までのアフガニスタンは緑ゆたかな美しい国でした。

私は一九五〇年に南部のカンダハールで生まれましたが、子どものころ、春にそこから北東にある首都カーブルまでの長い道のりを旅した時のことが忘れられません（注・カーブルは日本ではカブールと表記されますが、アフガンでは「カー」にアクセントを置くので、本書ではこう表記します）。カンダハールからカーブルまでは乾燥地帯が広がっていますが、道の両側には見渡す限り野生のチューリップが咲き乱れ、風に揺れながらまぶしいほどに輝いていたのです。

日本でも春が訪れると梅見や花見が楽しまれますが、アフガンでも古くから、花を愛《め》で、楽しむ行事が行われてきました。ただし、その花や木は日本のように一様でなく地域によって違います。たとえばカンダハール地域では五月に「ざくろの花祭り」が、ナングラハールあたりはオレンジが多いので、一〇月に「オレンジの花のつどい」が開かれる、といったぐあいです。また北部のマザリシャリフ周辺では三月に真紅の花「アルガワーン」が草原を真っ赤に染めて、人々を呼び寄せていました。

もちろん、日本の花見もそうであるように、ただ花を見て歩くだけではありません。花咲く木の下で詩の朗読に耳をかたむけ、歌い、語り合うのです。そこには日本と同様、自然と共生し、自然を楽しみながら生きるアフガンの人々の生活と文化がありました。

アフガニスタンは実は、鳥の種類と数の多さでは世界有数でした。そのことはギネスブックにも出ています。しかし一時は、カーブルやカンダハールで鳥影を見ることはめったにありませんでした。三〇年にわたる戦乱が国土を荒廃しつくしてしまったのです。

詳しくは第Ⅱ章の歴史のところで述べますが、今日につづくアフガニスタンの苦悩は、一九七九年一二月のソ連軍の侵攻から始まったと言っていいでしょう。戦車とともに侵攻してきた一〇万人のソ連軍に対し、多くのアフガン人がムジャヒディン（イスラム戦士）となって戦場に向かいました。子どもから老人までが、国を守るという神聖な気持ちで立ち向かったのです。しかし、彼らが手にしていたのは時代遅れの武器で、ソ連軍の最新兵器の前に次々と倒れていきました。

そこに援助の手を差しのべたのが、米国とその他の国々でした。米国は大量の最新兵器を送り込むとともに、軍事顧問を派遣して新兵器を使いこなすための軍事訓練をも行ったのです。

一〇年にわたる長い戦争で、アフガン人一五〇万人、ソ連軍三万五千人の命とともにアフガニスタン全土が破壊されました。

ソ連軍の撤退で終結したこの戦争は、表向きはムジャヒディン（背後に米国）の勝利で終わったとされました。しかし後には大量の武器が残されました。その大量の武器が、次の戦争を引き起こしました。部族間の内戦です。さらに五〇万人の犠牲者が積み上げられました。しかし武器を提供した国々は、この悲劇を素知らぬ顔で静観していました。

川遊びをする子どもたち。〔撮影〕植田友吉

アフガニスタンのこのような悲惨な状況が、国内ではタリバン政権の成立となり、国外ではアルカイダの活動へとつながってゆきました。しかし当時は、アフガニスタンに対する国際的無関心が、やがて世界中を恐怖と悲しみのどん底に突き落とすことになるとは、だれも予想していませんでした。

二〇〇一年九月一一日、ニューヨークで一挙に三千人の命を奪ったテロ、その後のアフガニス

アフガニスタン東部から北西部にかけて6000メートル級の山々が連なるヒンズクッシュ山脈。

タンの運命、さらにイラクへの侵攻と、とどまるところを知らない殺戮と破壊は、だれもが知っているとおりです。

アフガニスタンでの自爆テロは、今も続いています。それに対する掃討作戦として、アフガニスタン全土で米軍による空爆の犠牲者は、イラクでの死者を上回る年間六千人に達しています。その空爆地域では、貧困に加えて治安の悪化で住み続けることもできなくなり、比較的安全な都市部へ移動し、結果的に路上生活者を生み出しています。

いまアフガニスタンでは、「地獄の沙汰も金次第」の風潮が社会をおおっています。さびしいことです。本来は、人間愛、親切な心、郷土への思い、社会の秩序と愛国心が、アフガニスタン人の心の支えであったはずです。しかし、長い戦争と貧困が、これらの美徳を失わせてしまいました。心が痛む現状です。

私は、日本に留学して医師となり、医療活動の場を広げてきました。日本が私の国となりましたが、とくに米軍による空爆後、祖国の状況を知るにつけ黙過することはできないと思い、日本の市民の皆さんの支援で、アフガニスタンの医療と教育支援のためのＮＧＯ「カレーズの会」を立ち上げ、活動を続けてきました。Ⅲ章でお伝えするのは、この「カレーズの会」を通じて見たアフガニスタンの現実です。

その上で、アフガニスタン人はいま世界に対して何を求めているのか、どうしてほしいと思っているのか、読み取ってくださることを心から願っています。

第Ⅰ章
日本で医師として生きる

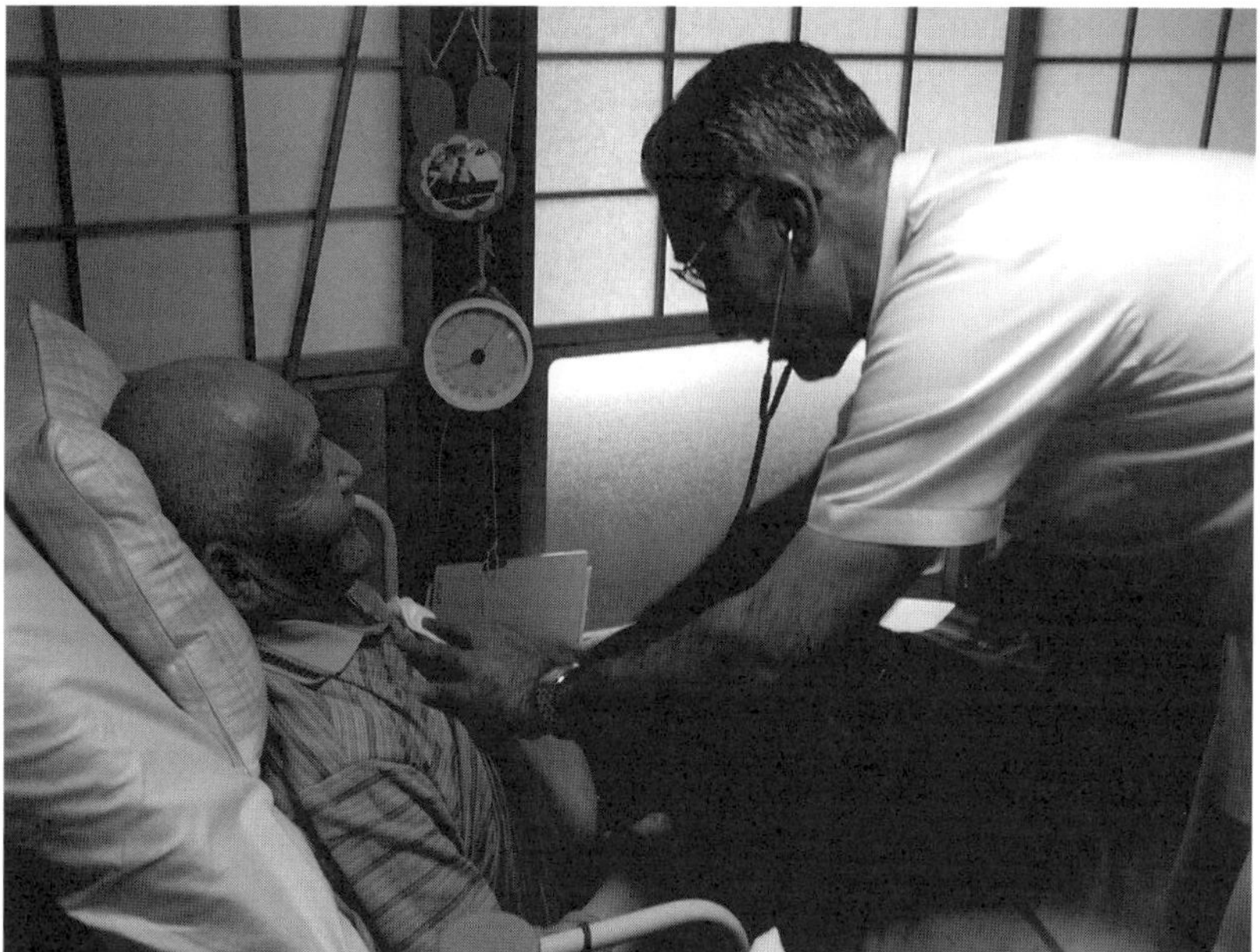

無医村への往診。毎週木曜日は患者さんの待つ村に往診に出向く。

大家族

私の子ども時代、アフガニスタンは平和で、世界中どこにでもあるように子どもたちが近所で遊び、家族でピクニックに出かけ、大人は飲酒はしませんが、花見や川遊びを楽しんでいました。家族は一昔前の日本のように、大家族で暮らすことが当たり前で、私の家族も大勢でカンダハールに住んでいました。

祖母（父の母）は若くして夫を亡くし、父、伯父や伯母を細腕一本で育ててきたので、家族の誰もが彼女には頭が上がりませんでした。小学校入学までは食卓一つで約一五人が食事をし、兄弟だけでなく従兄弟や従姉妹とも仲良く遊んでいました。お互いに学び合うことが多く、学校の成績も競争しながらお互い成長していき、おかげで私は、小学校全学年を通し、学年での成績はトップクラスでした。

この大家族と別れ、両親と兄弟姉妹（九人）だけで暮らすことになったのは、父親がカーブル大学の教授に赴任することになった小学校二年生の時でした。家ではきょうだい同士で仲良くケンカする一方、学校では厳しい成績競争が始まりました。

アフガニスタンでは、小学校から学校は男女別、教室の名簿の順番は前年度の成績順に並びます。ところがわが家は毎年の引っ越しで、居住区が学年ごとに変わって転校したので、私の名簿はいつも最後でした。転校生の名簿は最後に割り当てられるからです。これでは私は「劣等生」とみなされてしまいます。そのイメージを払拭するために、転校後の最初の試験でいい成績を出し、名簿のトップになることをめざしましたが、それは至難の業でした。

校長先生の思い出

私は幼い頃から良く学び、良く遊ぶ子どもでした。早い時期からサッカーを始めて、早朝から学校のグラウンドでサッカーをし、帰宅後はその日の宿題をさっさと終わらせて、夕方はまた暗くなるまでサッカーを楽しんでいました。高等学校卒業頃には、思いがけなく国体にも出場しました。

そのサッカーで思い出すのは、小学校時代の校長先生のことです。とてもユニークな校長先生で、毎朝、生徒より早く学校にやって来て、乗って来たバイクをそこらにポーンと置くと、校門の前に立って、登校して来る生徒一人ひとりに声をかけるのです。

「おはよう」

「元気か？」

靴の踵など踏んでいる生徒がいると、

「きみ、ちゃんと靴を履きなさいよ。そんなんじゃ、カッコ悪いよ」

なんて言いながら注意をする。

その校長先生が大のサッカー好きで、校長の仕事をする時以外はいつも子どもといっしょに遊んでくれました。サッカーをしたり、バレーボールをいっしょに楽しんだり。アフガニスタンでは金曜日が休みなのですが、休み前になると、

「おーい、今週釣りに行くよー、行く奴いないかー」

と高学年の子どもたちを誘ってくれます。

私が日本に留学して、たまたま帰省した時、小学校が懐かしくて行ってみたことがあったのですが、校長先生はまだその小学校に残っていて、私のことを覚えていてくれ、

「おー、きみはどこか海外に行ったって聞いてたんだけど、元気かー」

と、とても喜んでくれました。その校長先生もその後、戦争の犠牲になって亡くなられたのですが、本当に立派な方でした。校長先生だけでなく、アフガニスタンの先生たちはみんな優しかったと思います。

きょうだいやいとこたちといっしょに。後列右端が著者。12歳の頃。

父の教え

私の家族は父母と九人きょうだいで、女五人、男四人で、私は上から四番目の長男です。アフガニスタンでは、かつての日本と同じように長男が家長を引き継ぐ習慣があり、他のきょうだいからは一目置かれていました。

父は学者で、教育者でしたから、勉強面でも生活面でも子どもに厳しい反面、一人ひとりをとても大事にしてくれたと思います。しつけの面でも、お客様が見えると、その方とどういう会話をするのか、どういう対応をするのか、

「黙って聞いているだけでいいから、

ちゃんと覚えておきなさい」

と言って、そばに子どもをすわらせたりすることがありました。他人との会話から、言葉遣いや目上の人に対する態度を学ばせるということだったと思います。

厳しいだけでなく、時には家族揃ってピクニックに出かけることもありました。カーブルの北西部にある美しいパグマーン村は水流が豊富で、方々に緑豊かな山があり、そこで自然の恵みのサクランボ狩りをしたことは、懐かしい思い出です。

歴史家で文学者だった父は、地域の人々から尊敬される存在でしたので、私もその跡を継ぐべきかどうか迷ったのですが、アフガニスタンでは医療の需要が大きく、医師の重要性や患者に対する思いやりに感動した経験（後述）から、私は医学の道を志すことにしました。人の役に立つことをめざした私に、父の反対はなく、むしろ励ましてくれました。

私が高等学校を卒業する頃のことです。父から、二人で町はずれの川に出かけようと誘われました。昼食を食べて、川での行水が終わった後、父は私に向かってこう言いました。

「きみは今まで私の子どもで、きみをしっかり育てるために、私は厳しいことも強制したが、きみも大人になった。今後は私の友人として付き合ってもらいたい」

驚きとともに、父の偉大さと寛容さに敬服し、「よろしくお願いします」と答えたことを、昨日のことのように思い出します。その父も五年前（二〇〇四年）八三歳で亡くなってしまいました。

医師への道を選ぶ

私がはじめてボランティアの心に触れたのは、小学校三年生の時でした。近所の寝たきりの老人のところに、一人の医師が往診に通っていました。老人は重症の結核患者で食欲はなく、毎日のように血を吐いていました。往診に訪れる医師は、訪問するたびにその老人を励まし、路頭に迷う家族の相談相手になっていました。その行為は、単なる科学としての医学だけでは説明できないことが、子どもの私にもわかりました。

この光景を目にしたことが、私に、医師への道を選択させるきっかけになったことは間違いありません。中学生時代に一年間、当時のソ連に留学し、さまざまな苦労をしたので、そこで学んだことをいかすために、一時は専攻の変更も考えたのですが、医療の道を選んだことは今でも間違いなかったと、誇りに思っています。

アフガニスタンの大学の入学試験は全国統一試験で、成績によって上位から順に海外留学の資格が与えられます。私は高等学校を卒業し、大学入学試験を受け、カーブル大学の医学部に入学すること

高等学校卒業直後の著者。

になりました。さらにフランスのレヨーン大学への留学を薦められ、帰国後は大学教員の職も約束されていました。

しかし私は、高等学校入学時から日本の歴史、文化、そして戦後の日本の復興などに興味を持ち、それらに関する書物も読んでいました。とりわけ、日本が戦争であれだけの被害を受け多くの犠牲を出しながらもその後、めざましい復興を遂げていることは驚きであり、感動でした。何が人々をそういう気にさせるのか、日本人のどこにそんなパワーがあるのだろうか、それが日本への関心につながっていったのです。

そうした関心の上に、当時アフガニスタンでは珍しく、日本から文部省留学生の枠が割り当てられたため、このチャンスを逃すまいと頑張り、幸い合格することができたのでした。

奨学金とアルバイト

一九六九年四月、当時一九歳だった私は、同僚のアザム・アゼイミ（工学を専攻）とともにはじめて日本の土を踏みました。これまで日本のことを勉強していたといっても、見るもの聞くものすべてが珍しく興味津々でした。当時は千葉大学に留学生部があり、外国人留学生のほとんどが来日後はまずここで語学や基礎を学び、その後、試験や成績の順でそれぞれの大学に編入学する

千葉大学留学生部時代、友人たちと（左から３人目が著者）。

ことになっていました。大学内には留学生寮があり、各国の学生が共に生活していました。

来日してまずぶつかったカベは経済的な厳しさでした。最初は日本のお金の価値がわからず、お腹がすくのにまかせて食べるわ食べるわで、月末になって気がつくと、奨学金はすべて食事代で消えてしまっていました。「これはまずい！」と、それからは食事を制限し、なるべく食べないようにしたのですが、学業に必要な医学書を買うには奨学金だけではとうてい足りません。そこで昼は大学、夜はアルバイト、そのアルバイトもできるだけ賃金がいいものをと思うと、勢い肉体労働になります。

工事現場でも働きました。船積みの荷物を運ぶ仕事もしました。夏休みは問屋さんの仕事で、大きなリヤカーで品物を運びました。大変でしたが、今でも忘れられないのは、朝から夜まで必死に働いてもらった給料を帰る途中で全部すられてしまったことです。泣くにも泣けない気持ちでした。

そんな経済的な問題に加え、もう一つのカベは日本語でした。寮の中では、英語をはじめ多くの言語が使われていて、日本語を使わなくても不自由しません。しかしこの環境では、せっかく日本に来たのに日本語の習得もままならず、日本の文化からも隔絶されてしまいます。ここにいたら語学のレベルを目標まで上げることはできないと焦った私は、考えた末に日本人の家庭に下宿して、じかに日本の文化に触れ、日本食を食べ、日本語で話す以外にないと思いたちました。

ところが、当時（今から四〇年前！）の日本では、まだ外国人は珍しく、まして自宅で受け入れることなど、ほとんど考えられない時代でした。大学の学生部などで斡旋してもらったのですが、すべてがノーという答えでした。最後の手段として、新聞広告を出してみると、二件の反応がありました。一件目の人は、私を女子学生だと思い込んでいたので、顔を見ただけで断られてしまいました。二件目は老夫婦が娘夫婦と住んでいた家庭で、その家に下宿させてもらうことになりました。

親切な老夫婦と日本の「母親」

やっと決まった下宿、この家の老夫婦は大変親切で、日本料理を用意し、日常会話を教えてくれ、さらに勉強の手伝いまでしてくれるのです。なぜここまで親切なのか、私にはずっと疑問でした。ある夜、この老夫婦に私がその理由《わけ》を聞くと、次のような話をしてくれました。

「戦争中、満州にいた私たちは、日本に帰る船に乗り遅れ、中国に残されてしまいました。日本人ということで周囲から罵声を浴び、死の危険すら感じていました。幸いにも親切な中国人のおばあさんが私たちをかくまってくれ、一部屋しかなかった家の地下室に住まわせてくれたのです。迫害の恐れのあった私たちを外へ出すことなく、おばあさんが一日中働いて苦労して得たわずかな食料を分け与えてくれました。体の弱いこのおばあさんの親切に、ずっと心苦しさを覚えていました。

私たちをいつか日本に帰そうと考えていたおばあさんは、ある朝、出かけたはずなのに急に引き返して来て、私たち夫婦に早く支度をするようにと促しました。そして自分が頼み込んだ古い船に連れて行き、その船底にかくまってくれたのです。日本行きの船でした。結局、おばあさんとは別れの挨拶も十分にできないまま、私たちは日本に帰国しました。

その後、おばあさんの連絡先もわからず、お礼をしようにもできません。心の中で常に感謝をするばかりでした。それゆえ、この恩をいつか困っている誰かに分け与えたいと思っていました。そんな時、現れたのがきみだったのです。今は困っているきみに、私たちでできることを精いっぱいやらせてもらっているだけです。どうか気にしないでください……」

その話を聞いて、納得すると同時に、深い感動を覚えました。しかし私は、この老夫婦の家にわずか数カ月しかいませんでした。下宿代も食事代もとってくれない、優しすぎて耐えられなかったのです。その後は再び寮に住んで、たまに遊びに行くというお付き合いにさせていただきました。

一方、東京YWCAの活動のなかに、留学生を支援するという制度があります。長く祖国を離れて暮らしている留学生はホームシックになりがちで、相談する相手もいません。そこでYWCAでは「母親制度」を創設し、留学生と母親になる人が一対一のコンビを組んで、定期的に会ったり、食事をしたり、悩みを聞き、進路の相談などにのるシステムを始めたのです。心寂しい留学生にとっては、大変心強い応援です。

私は、同郷のアゼイミとともに、有末京子さんという「母親」を紹介していただきました。ご家族の皆さんとお会いし、本当の母親のように有末さんは悩みを聞いてくださいました。来日して四〇年が過ぎようとする今でもお付き合いがあり、私が立ち上げたアフガニスタン復興支援のNGO「カレーズの会」の活動（Ⅲ章で詳述する）も応援してくださっています。

京都大学医学部へ

千葉大学の留学生部で一年間日本語を勉強し、その後の二年間で基礎科目（生物、化学、数学など）を履修した私は、留学生部を終了したあと、京都大学医学部（専門課程から。一般的に言えば三回生）に編入学をすることになりました。

当時の医学部長は解剖学の岡本道雄先生で、後に京都大学の総長、臨時教育審議会の初代会長になった方で、私が京都大学を最初に訪れた日に面接を受けました。学問的な質問に加え、「なぜ留学先に日本を選んだのか、なぜ京都大学を選択したか」などの質問に答えることは、先生の前では緊張し、勇気がいることでした。しかし、迫力ある岡本先生の大声の笑いが雰囲気を和《なご》ませてくれました。

何とか無事に試験や面接を終了し、入学が決定してから、私は京都に引っ越すことになりました。大学の周辺の吉田地区では家賃が高いため、少し離れた伏見区に住むことにしました。毎日、京阪電鉄で三条駅まで行き、後は大学まで加茂川の川岸を歩きました。そんな通学を卒業まで続けたのですが、京都らしい静かな散歩道を通ったことを、今でも懐かしく思い出します。

医学生時代の最初のころは、専門的な用語がわからず、授業を理解することが困難でした。早いペースでどんどん流れていく黒板の文字を、必死に辞書で調べながら受ける授業でした。当然、授業の後半になるとついて行けず、ノートは未完成のまま、編入学ということもあってまだ友達もいないし、ノートを借りることもできません。同級生たちともどう付き合えばよいかわからずに悩んでいました。当時の私は「イスラムの掟」をかたくなに守っていましたので、酒も飲まず（卒業の前には「たしなむ」ようになりましたが）、みんなには「付き合いの悪い奴」と思われていたようです。

いろいろと考えたあげく、麻雀をすれば一度に少なくとも三人の友達ができると思いつきました。そこで、大学やその周辺で同級生に麻雀を教わることにしました。しかし、麻雀は素人が簡単にできるゲームではないし、負ければお金がかかります。私には重い負担でしたが、それは承知の上で、お金を稼ぐために週に一回は遠く大阪・堺市まで英語教師のアルバイトに出かけることもありました。そんな努力のおかげで少しずつ友達が増え、ノートを借りることもできるようになっていきました。

学生結婚

医学生時代は決して経済的には恵まれていませんでしたが、学問に励むことは楽しいことでした。しかし、学年が進むにつれて授業が難しくなり、実習が増え、周りの人々との関わりも複雑になっていきました。一時期は学校や授業に出席することも嫌になり、ふさぎ込むこともたびたびでした。友人や教授たちも心配して、何かと相談にのってくれましたが、自信を取り戻すまでには時間がかかりました。

この頃、教育学部に在籍する秀子さんという女子学生に会い、恋に落ちて、学生結婚することになりました。彼女の実家は、私が外国人ということで結婚には大反対でしたが、秀子の努力と誠実な辛抱のお陰で、貧しくても充実した学生時代を送ることができました。卒業直前には長女の真由美が生まれて、経済的にはますます厳しくなりましたが、家庭生活は幸せで楽しいものでした。

学生時代の後半になると、わが家は大阪や京都に研修に来ていたアフガニスタン人研究生の溜まり場となり、毎週土曜日には大勢の若者たちが集まってきました。一週間のうち、この週末だけはまともな食事をし、他の日はできるだけ節約をするという日々でした。

卒業したら帰国し、アフガニスタンのために何ができるかを模索しつつも、一方では、私の新しい家族がアフガニスタンでどういう生活ができるのかも心配のタネでした。まずは技術と能力を磨き、国家試験の合格と、研修医としての技能修得に励むことしかないと考えて、必死で取り組みました。この時期はあらゆる面で本当に厳しく、辛い時期でした。

妻と喜び合った三度目の国家試験合格

一九七六年、私は京都大学医学部を卒業して、当時大学内にあった結核胸部疾患研究所に入りました。この研究所は、以前から結核を中心とした診療や研究を行っていましたが、当時は結核患者の隔離を最優先課題としていたので、一般患者の入院施設のある医学部ではなく、別な組織と建物になっていました。ここには内科系二部門、外科一部門、病理や化学研究室があり、後には肺生理教室も作られ、日本における呼吸系疾患研究のメッカと目されていました。

私は、日本での学位取得後はいずれアフガニスタンに戻って、生まれ育った故郷に貢献しようと思っていました。アフガニスタンのような国や地域では、結核をはじめ感染症が多かったので、専門として胸部疾患、特に結核等を選択することは自然なチョイスでした。従って、学生時代の最終学年の夏休みの研修もここで行いました。故寺松孝教授をはじめ、教職員や大学院生、研修の先生方は親切にしてくださったのですが、当面の最大の課題である医師国家試験は外国人の語学力では大変難しく、言葉の細かい言い回しのこともあって、初めての試験には失敗してしまいました。

この試験の不合格が、とんでもない苦難をもたらすとは思いもしませんでした。先にも述べましたように、私は学生結婚をし、当時すでに子どもも一人生まれていました。それまでは奨学金と少々のアルバイト代があれば何とか生活できていたのですが、国家試験の不合格と同時に奨学金が打ち切られ、直後に生まれた二人目の子ども・真す美のお産費用もままならない状況に追い込まれたのです。

妻の実家にお世話になることは、結婚に反対されていたため無理、私の実家からの仕送りは、物価の高い日本では使えるほどのものにはならないことがわかっています。それに、私の父は大学教授でしたが、当時の給料では海外への仕送りは到底不可能でした。実際、留学してから私は、一度も実家にお金の苦労をかけたことはありませんでした。

私は覚悟を決め、試験勉強のかたわら、近所の子どもの家庭教師をはじめ、できるアルバイトを何でもこなしながら受験準備をしました。それだけに、三回目の国家試験で合格できた時には、妻・秀子とともに号泣したことを、昨日のことのように覚えています。

ソ連のアフガン侵攻で、難民キャンプへ行く

国家試験合格後は結核胸部疾患研究所で研修を始め、その後、大阪にある関西電力病院に移り、二年間の研修で、人見滋樹先生（後に京都大学の胸部外科教室の教授になる）から、手術の手順や

臨床での患者さんの診察の基本の手ほどきを受けました。

しかし人見先生はとても厳しい方で、手術の最終的な技術を磨くことはなかなかできませんでした。そこで、内緒で、夜は緊急症例の多いM病院でアルバイトを始め、先輩の手ほどきで当直や緊急手術を行い、自主的に技術を習得しました。アルバイトは禁止ではないのですが、表向きには許されることではないので、当直明けの朝は素知らぬ顔で本業に戻り、一日の仕事をこなし、時にはその夜の当直まで行うこともありました。

この昼夜通しての努力のかいがあって、一九七九年に奈良県の天理よろづ病院胸部外科に赴任した時には、一人前の外科医として腕を振るうことができました。この病院は大変忙しく、医療スタッフは皆技術的に優れていて、手術も数多くありました。途中で同僚の先輩医師が留学し、その上に部長が病気で休むなどの事情が重なり、ほとんど一人で一科の仕事をこなすことになってしまいました。

ソ連のアフガニスタンへの侵攻が起きたのはこの頃（一九七九年12月）のことです。祖国の実情は最悪で、家族とも連絡が取れなくなってしまいました。ようやく妹と連絡が取れた時、妹は難民キャンプで子どものミルクもないという状態でした。たくさんの知人が亡くなり、従兄弟は牢獄に入れられ、命を落としました。

何とかしなければならない、何ができるだろうか。その時思い出したのは、子ども時代に感動したあの医師のことでした。自分にできることを精いっぱいする、そしてお返しを求めない、これこそがボランティアの真髄です。そして、今、医師の私にできることがあるとしたら、それは、傷ついた人々のもとに出かけ、治療をすることです。今度は私がお返しをしなければならない！

学生時代、人生に大きな影響を与えてくれた下宿先のあの老夫婦の真似をすることにしました。

そこで私は、翌一九八〇年七月、医療器具や薬剤を持って一人、パキスタンにあるアフガニスタン難民キャンプに出かけ、現地で診療を行ったのでした。

難民キャンプに着くと、子どもや老人たちは身一つで国外へ逃れてきたため、寒さをしのぐものもなく、身につけているのは薄手の服一枚という人がほとんどでした。砂漠地帯にある難民キャンプでは昼夜の気温の差が激しく、皆が何らかの感染症にかかっていました。栄養状態も悪く、私が持参した薬剤はわずか三日で底をつき、目の前の患者さんに救いの手を延ばすことができず、自分の無力さに悔しい思いをしたものです。

しかしあきらめずに、この活動は以後ほぼ毎年、継続して行ってきました。留守中の病院では多くの同僚や周辺の方々が支えてくださったことに、今でも感謝しています。

日本に帰化する

一九八二年一月、三番目の娘・麻美が生まれて間もなく、結核胸部疾患研究所の寺松教授から呼び出され、職場移動の打診がありました。「まだ子どもが小さいので引っ越しは大変です」と延期のお願いをしたのですが、「わかった」という返事とはうらはらに、数週間後には新たな病院を見に行くように指示されました。その病院が、静岡県島田市にある島田市民病院でした。

「教授の顔を立てるだけでよい」と言われていたのに、島田市民病院を訪れた時には院長に温かく迎えられ、職員には新任医長として紹介され、準備されていた宿舎の案内の後には、子どもの学校や幼稚園まで院長ともども挨拶にうかがう羽目になってしまいました。断るつもりでいたのに、これでは断れない。事ここに至っては、承諾の返事をするほかありませんでした。

島田市民病院から戻って寺松教授に経過報告をすると、「申し訳ない」と素直に謝られ、赴任の日には、教授ご自身が島田市民病院まで同行してくださいました。さすがに教授は人格者であると、深く感じ入ったものでした。

この病院では、後に京大の胸部外科教室の教授になった和田洋巳先生が、私の赴任する半年前に呼吸器科を新設したばかりでした。私は赴任早々、診療の充実、手術症例の増加と設備の整備、患者の動向調査などに加えて、学会の出席や、後輩とともに論文執筆、その発表の準備と、矢継ぎ早の仕事に追われ、大わらわとなりました。その成果もあって、病院の増築がかない、呼吸器病棟や外来が新設され、医師や研修医は一〇人を超え、さらに学会発表や論文は一〇〇編を超える結果となりました。この時代の部下からは、教授や助教授、部長級の優れた研究者が大勢育ったことが大変うれしく、苦労と努力の甲斐があったと思っています。

この時期になると、寺松先生から、

「きみは、もうアフガニスタンに帰ることをあきらめて、日本で腰を据えたらどうか。本気で帰化を考えてみないか」と勧められ、島田市民病院の当時の院長・島田恒治先生の強い推薦もあって、帰化することを決意しました。

一九八七年、三七歳の時のことです。この年、四女のルナが生まれ、何と四姉妹の父にもなっていました。

結核の予防対策で家族と共にイエメンへ

私がＪＩＣＡ（国際協力機構）の「イエメン共和国結核対策プロジェクト」のチームリーダーとして、イエメンに赴任したのは一九八九年のことです。イエメンにはたまたま先輩が行っていて、現地の実情はそれなりに聞いていたのですが、それまで何年か続いた日本からの結核対策の援助はなかなかうまく実を結んでいませんでした。

私がこんなことを言うのもおこがましいのですが、日本の国際協力の仕方というのは、どうも偏りがあるような気がしてならないのです。本来援助というのは、相手の必要を考えて（聞いて）、それに応えるのが当たり前だと思うのですが、日本の場合、往々にして、こちら（日本側）からプログラムを作って、「どうだね」という形で押しつける。そして日本人を連れて行って建物を建て、日本企業にお金を落とし、しかる後に「はい、どうぞ使いなさい」と。

これではものごとはうまくいきません。「もう少し、相手（国）の気持ちがわかれば援助の形は違うんじゃないの」といったことを私がよく口にするのを耳にしたせいか、「それじゃあ、きみがやってみなさいよ」ということだったのかもしれません。

イエメン共和国には家族ぐるみで行くことに決めていました。赴任する前に視察に行ったのですが、その時、中学生だった長女を同行し、現地の状況を見せることにしました。

「どうだね。ここで生活できそうか」

と言いますと、長女は、

「パパがやることだったら、家族一緒に協力するのがあたりまえでしょ」

と言ってくれました。

それまで、ソ連の侵攻以来毎年、ボランティアでパキスタンやアフガニスタンの難民キャンプを訪れる父（夫）を、子どもたちも妻も「何でそこまでするの……」と、おそらく心の底で思っていただろうと思うのです。しかし誰もそれを口には出しませんでした。何のためにそこまで危険を冒してそんなことをするのか……。危険を冒すというのは文字どおり死ぬということです。そして私の死は、子どもたち家族を路頭に迷わせることを意味します。実際、私は出かけるたびごとに「遺書」を書いていたのです。

しかし人間、それぞれ生き方はあるけれど、どこかでわれわれの手を必要としている人たちがいる。危険もあるだろうけれど、人間はどんなところでも生きているんだ、日本での生活が決して世界全体の中で常識ではないんだ——そういったことを、子どもたちに身を持って経験してもらいたい、そんな思いでした。

とはいえ、赴任地のサヌア市は標高二三〇〇メートルの高地、酸素が薄く、寒暖の差が激しい所です。一番下の四女・ルナはまだ二歳になるかならないという時期、妻や子どもたちには辛い経験であったろうと思います。

「万歳三唱」で迎えられた村

イエメンには結局、二年間いたのですが、その間、私が主にやったのは、結核予防や治療の国家対策でした。戦前は日本でも結核は「死の病」と恐れられていましたが、当時のイエメンでも同じような状況がありました。診療所に座って一人ひとり患者さんを診ても救えるのはわずかです。根本の予防対策をやらないと、蔓延を防ぐことはできません。そこで、全国を走り回って保健所を作り、治療マニュアルを作り、医療知識を持つ医師や検査技師を養成し、その彼らを地方に派遣する。一方、予算の裏付けがなければ、それらを実現することができませんので、政府高官とも交渉をする――。休む暇もなく連日働きづめという日々でした。

イエメンで忘れられないのは、結核の予防接種で車が入れないような村に行った時のことです。子どもたちや大人が迎えに出ていて、私を見ると「万歳三唱」で大喜びなのです。ビックリして「どうしたの?」と聞くと、医者を見るのは三年ぶりだと言うのです。

日帰りのつもりで行ったのですが、予防接種どころではない、「私を診てください」「私も、私のおじいさんも診てくれ、おばあさんも診てくれ」ということで、帰るに帰れなくなってしまいました。しかも、子どもたちに予防接種をすると、「悪いけど、もう一個打ってくれ」と言う。

「二個打っても意味ないよ」と言うと、「いや、死にたくない、頼むからもう一個打ってくれ」と言って、子どもたちはもう一方の腕を差し出してきます。

結局、ここに三日間も引き止められてしまいました。当然、宿などはありません。すると、「私の家に泊まってくれ」「私の家に！」と引っ張りだこ。その一軒にお世話になったのですが、その夜、何と大事なお客様だというので、鶏をつぶしてご馳走してくれました。鶏はその村の唯一の収入源で、鶏が生む卵を売って暮らしているのです。しかし、「医者が村に来て、わが家で泊まってくれた。こんな名誉なことは二度とないんだ」と言います。医者、あるいは医療というものに対して、人々はそれだけ熱い思いと期待を抱いているのです。

イエメン共和国滞在中、私を二つの災難が襲いました。一つは、以前患った十二指腸潰瘍の古傷から消化管の出血を引き起こしたことでした。私は入院することを拒み、適切な薬もないまま約二週間で九キロも痩せてしまいましたが、やっと容態は安定しました。

もう一つは、一人で地方周りの仕事に出かけたときのことです。車の入れない山奥の村を徒歩で訪ねた帰りに崖から落ち、右足首を骨折してしまいました。山と砂漠以外何もなく、人影もなく、次第に夕暮れも近づいてきます。私は自分のシャツを破って足を固定し、停めてあった車に戻り、住まいのあるサヌアへ向かって運転を始めました。二時間くらいは我慢していたのですが、痛みに震えながら一晩を車の中で過ごして、次の日にやっとの思いで勤め先にたどり着いたのです。今思い出してもぞっとする体験でした。

この頃、日本から視察団が来訪しました。この視察団はいつものチームと違って、私が尊敬している研究者が参加していました。その一人は、私の恩師で、京大の名誉教授になられた寺松教授、もう一人は東京都清瀬市の財団法人結核予防会の結核研究所の所長を退任し、当時は結核予防会の会長を務めておられた島尾忠雄先生でした。

公式行事や視察が終わったある晩、お二人の方からそれぞれに、「日本に戻って仕事をしよう」というお話がありました。島尾先生は東京の結核研究所への赴任を、寺松先生は京大での仕事を勧められました。どちらも魅力的な仕事で、私が憧れていた国際活動を進めるのには島尾先生の提案に心を動かされたのですが、恩師である寺松先生のお気持ちを汲んで、京大関係の古巣に戻ろうと決心しました。

イエメンでの二年間は大変でしたが、そこで作った結核対策の基礎は着実に実を結び、今ではイエメンが中東でトップの治療成績となっているのです。

松江赤十字病院から島田市へ

京都大学に戻る前に、もう一つ、別の仕事をしなければなりませんでした。それは島根県の松江で「新たに呼吸器科を新設して軌道に乗せる」という任務でした。ここは、山陰では住民の信頼の厚い「名門」病院で、そこで新設する呼吸器科には期待が大きかったのですが、周辺の大学の縄張り争いや、それまでに呼吸器疾患の中心になっていた病院などが新たな試みを快く思わず、反発も多かったように思います。

一九九一年、覚悟を決めて松江赤十字病院に赴任しました。懸念したとおり、初めから院内の抵抗が強く、苦労の連続でした。私は一人部長で、部下はおらず、ベッドは一床もなく、外来の場所も枠もありません。ないないづくしの中で、何をすればよいのか試行錯誤の連続でした。各病棟を回り、ターミナル・ケアの患者さんを主治医から引き継ぎ、最後の看取りまですることが日課でした。そして、その空いたベッドを呼吸器科のベッドにもらい受け、自分の患者を入院させて、治療を始めたのです。その一方、他科の緊急手術のお手伝いをしながら手術室との関係をつくり、やっと自分の科の手術もできるようになっていきました。

島根県内の病院での勉強会、学会の地方会、医師会などとの関係を密にして努力を重ねた結果、院内でも次第にそれなりの立場を得るようになっていきました。結果的に呼吸器科は独立し、一病棟を得て、部下も数人赴任することになり、二年間で「県内で最も頼りになる臨床科」と言われるまでに育てることができました。これでやっと寺松先生との約束を果たせたと、安堵したものでした。

この時期「島田市民病院でお世話になった」という患者さんやご家族がバスを連ねて松江の温泉宿までやって来て、「島田に戻って来てください」と懇願されました。京大に戻るか、それとも島田市で開業するのか、悩んだ末、島田市民の懇願を考慮して、島田市内で開業することを決意しました。

しかし、開業するには資金が必要ですが、私にはたいして貯金があるわけではありません。担保もないのに、市内の金融機関で融資の相談をしたら、最初に行った金融機関では、「一文もない外人に無担保で金が貸せるか」と言われました。気を取り直して向かった別の地元の金融機関では温かく迎えられ、「市民のために頑張ってください」と励まされたのでした。

レシャード医院の誕生

一九九三年六月、島田市元島田の一角に、平屋の「レシャード医院」を設立し、専門である呼吸器科の診療を始めました。家族やスタッフ、地域の人々に支えられ、医療のみならず、慣れない経営、管理、患者さんの誘致などに没頭してきました。

立ち上げから今年で一六年、現在、レシャード医院のスタッフは一一名（医師は私と同僚の先生二人、看護師、看護助手、秘書、受付、事務など）、診察は月曜日から土曜日（半日）まで。木曜日は往診の日で、私の留守を同僚の前里和夫先生に受け持っていただいています。

往診を始めたのは、開業してすぐの頃でした。土砂降りの雨の中、夜中に、傘をさした方がわが家の玄関のベルを押し、「心配な状態なので、診に来ていただけませんか」とおっしゃるのです。連れて行かれたのは、道なき道を車で走ってたどりついた山奥の無医村でした。処置を施して帰宅したのは午前二時半頃だったでしょうか。もちろん、そのまま放っておくことができず、再びその村を訪ねたのですが、そこにはお年寄りがいっぱい！　診る人、診る人、みんなさまざまな病気を抱えていたのでした。

以後、その村には毎週通うことにしたのですが、そうした出会いからわかったのは、患者さんたちの最大のニーズが「在宅医療」であるということでした。私たちは、病気になれば病院に行くということが当たり前になっています。しかしそれは本当に正しいことなのだろうか。本来なら、病んでいる人のところに元気な医者が出向くのが当たり前なのではないだろうか。元気な人のところに、病んでいる人が来るというのはおかしい話なのではないだろうか――。

以後一六年間、今でこそ、車の運転は運転手さんにお願いしていますが、それまでは自分で運転し、島田市内はもちろん、遠いところでは一時間半の道のりを往診に走っていました。そんな私を、地域では「ブルドーザー先生」と呼ぶ人もおり、多くの患者さんから「助かります」と感謝され、逆にそれが、私自身の毎日の喜びとなっていったのでした。

お年寄りが安らげる施設を

このような往診や地域ボランティアを行っている中で、寝たきりの患者さんの行き場が市内にはないことに気づきました。何とかその方たちが安心して過ごせる施設を作ることはできないだろうか。まだレシャード医院の多額の借金返済のメドすら立っていない中、私は、介護老人保健施設「アポロン」の設立計画と、その役割を模索するようになっていました。

私には一つの理念があります。それは、お年寄りが入る施設のあり方です。環境のいい所に住むことをうたい文句に、施設を人里離れた静かな所に建設し、入居者を募集している例をよく目にします。

たしかに緑の多いところはいいのですが、お年寄りが毎日同じ緑を見ていたのではつまらないし、第一寂しすぎます。生活の匂い、音、人の動き、それらが身近にあってこそ、生きているとの実感、喜びを感じるはずです。だから、介護施設を作るのであれば、何としても町の中に作りたい、そう考えていました。

しかし、そのための土地を町の中に確保するというのは大変むずかしいことでした。そんな困

介護老人保健施設「アポロン」の夏祭り。地域の子どもや大人たちもたくさん訪れる。

難の中、多くの支援者、スタッフ、行政や地域の方々の多大な支援を得て、一九九九年四月八日、介護老人保健施設「アポロン」の竣工式を執り行うことができたのです。まだ介護保険が施行される一年前で、厳しい運営と経営を、孤独な想いの中で乗り越えなければなりませんでした。

　今、アポロンの入居者は八〇人。施設は念願通り町の中にあり、お年寄りたちが家庭と同じような生活ができるように、建物は二階建てとしました。一階はお風呂と食堂、遊び場等があり、二階は寝る場所です。職員にとって、利用者全員を食事のたびに一階に降ろしたりするのは大変ですが、それは、家庭にいたら当たり前のことです。「みんなで食事の時間だよ」で降りて来る。「お風呂だよ」の声で降りて来る。それもお年寄りたちにとっては刺激になります。

そして食事は、仮に人口栄養（胃に穴をあけて管で食事をとっている）の人でもみんなといっしょです。管を通してお腹に入ってきた栄養剤であっても、口をぱくぱく動かして、みんなといっしょに味わっていただくのです。

さらにテーブルに着くのは職員も一緒です。職員は若い人たちが多く、働いていますから腹ぺこです。食べっぷりも違います。その姿を見ると、利用者も負けずにぱくぱく食べるようになります。そんな感覚で、生活することがお年寄りたちにとって一番大切なことではないかと考えています。寝たきりはつくらない方針です。

アポロンは今年で創設一〇年、施設長は私の同級生で、学生時代から親しい前里和夫先生が就任し、浅原静枝副施設長、代々の事務長、各スタッフに支えられ、夏祭りや年末のイベントなど、地域の大人や子どもたちも加わってにぎやかに催され、今や地域住民の安らぎの場ともなっています。

アポロンは医療法人として訪問看護、訪問介護、居宅支援などの事業をさらに充実させ、その後、兄弟法人の社会福祉法人島田福祉の杜の設立と、特別養護老人ホーム「あすか」の開設にこぎつけることができました。ここにはグループホームや訪問介護、そして認知症型デイサービスなども併せて開設しています。

妻の死

二〇〇六年一〇月二八日、それは、私には永遠に忘れられない悲しい日となってしまいました。妻が永眠したのです。

前日まで元気で、共に生きていることをエンジョイしていたので、信じられない出来事でした。悲しみと同時に、虚脱感に襲われ、どう落ち着けばよいのか、誰に連絡をすればよいのか、何の手続きをすればよいのか等などが頭の中を駆けめぐるのですが、行動には移せませんでした。

妻とともに過した想い出は、スクリーンの如く目の前を通り過ぎていきます。楽しいこと、悲しいこと、笑ったこと、怒ったこと、悩んだこと……、妻との共同生活の三三年間のあらゆる場面が目の前に現れては消えていきます。生きることのはかなさと絶望感に押し潰されるような思いでした。

私の出身国アフガニスタンでは、「つらく悲しい時こそ、良き友は宝である（楽しいときには誰でも集まるが、つらい時や悲しい時にこそ親しい友人が役に立つ）」という諺があります。知らせを受けて、子どもたち、友人、スタッフらが次々と駆けつけてくださったことで、悲しみを分かち合うことができ、心に多少の安堵感が生じたように思えました。

「食を通してアフガンの文化を知ろう」の料理教室で。中央が秀子さん。

当然のことながら、次のステップはさまざまな手続きや段取りで、それも友人たちが献身的に受け持ってくれたことで、私は一人、静かに悲しみに浸ることができました。当然、お葬式などの儀式においても、これらの友人たちが率先して取り仕切ってくださり、心から感謝しています。

妻・秀子は独学でアフガニスタン料理を習得し、Ⅲ章で紹介する「カレーズの会」では、バザーなどの時には、訪れた人々にアフガニスタン料理を振る舞い、「カレーズの会」の募金に大きな貢献をしてくれていました。東奔西走する私に、「あなたが倒れたら、カレーズの会はどうなると思っているのですか」といつも私の健康を心配し、アフガニスタンが一日も早く平穏な生活を取り戻せるようにと願っていたはずです。

妻との別れは、時間がたつにつれて淋しく、本当の寂しさと悲しさが湧き出るようになった時に改めて、社会生活は一人ではできないことを、今さらのように実感することになったのです。これも、運命だったのでしょうか。あれから、あっという間に三年が経とうとしています。

▨

今現在、私は日常の診療に加え、国際保健医療学会評議員、呼吸器外科学会や他の学会の評議員、ＪＩＣＡのアフガニスタン復興支援（保健医療分野）のワーキンググループの一員、小学校や高等学校の校医、そして京都大学医学部の臨床教授などの場を与えていただいています。

また二〇〇八年からは、島田市医師会長としての重責が、それに加わりました。医師不足による救急医療体制の崩壊が大きな社会問題になっているこの時期だけに、多大な努力と真剣な挑戦が必要になっています。

なお、私のライフワークとも言える「カレーズの会」については、Ⅲ章で詳しく述べたいと思います。

第Ⅱ章

アフガニスタンが歩んだ道

難民キャンプ。テントの前にたたずむ少女。（撮影：長谷川昌代）

1　前近代のアフガニスタン

アフガニスタンの国土と民族

正式国名「アフガニスタン・イスラム共和国」は、四方を海に囲まれた日本とは全く対照的に、六つの国と国境線を接する内陸国です。六つの国の国名と国境線の長さは次の通り。

パキスタン	二四五〇キロメートル
イラン	九三六　〃
トルクメニスタン	七四四　〃
ウズベキスタン	一三七　〃
タジキスタン	一二〇六　〃
中国	七六　〃

この六カ国はすべてイスラム教国です（中国も接しているのは新疆ウイグル自治区でイスラム教圏）。

アフガニスタンももちろん、その国名にイスラムを名乗っているイスラム教国です（大半がスンニー派）。ただし一部にヒンズー教徒もいますし、少数のユダヤ教徒も住んでいます。

アフガニスタンの面積は六五万二二二五平方キロメートルで日本の約一・七倍の広さですが、その約三分の一は六〇〇〇メートル級の山岳地帯（ヒンズクッシュ山脈、水の山という意味）で、三分の一が緑地帯（農地）、残りは砂漠のような乾燥地帯で構成されています。

人口は、最近国勢調査が行われていないため正確な人数はわかりませんが、推定で約三千万人、その約二二％が都市部に、残りが地方に住んでいます。平均年齢は四〇～四五歳と推定されますが、一五歳以上が人口に占める割合は、女性が七八・一％なのに対し、男性は四八・一％で五〇％を切っており、生産年齢の男性の多くが戦争の犠牲となっていることがわかります。

六つの国と国境を接していることからも類推できるように、アフガニスタンは多民族国家です。その民族構成は、最も多数を占めるパシュトゥン人が四八％、次にタジク人が一九％、ハザラ人一一％、ウズベク人が八％、その他が一四％となっています。

日常使っている言語は各民族によって異なりますが、公用語としてはパシュトゥ語とダリ語が使用されています。ダリ語はペルシャ語の一方言です。地図で見るようにアフガニスタンの西の国境線はイラン、つまり旧名ペルシャと接していますが、そこで使われているペルシャ語の方言がアフガニスタンやタジキスタンの一部でも使われているのです。

経済・産業ですが、生産人口の約七〇％が農業に従事しています。もともと農業国のアフガニスタンは、一九七〇年代まではほとんどの種類の穀物が収穫でき、食料の自給自足が可能でした。

とくにヒンズクッシュ山脈の万年雪は大量の水を提供し、周辺に広がる緑地帯を潤《うるお》して、豊かな収穫を約束していました。

しかし、長い長い戦乱によって現在は国土のほとんどが地雷におおわれ、耕作を放棄された農地は荒廃して、緑地は極度に減ってしまいました。

農業以外の主な産業としては、北部では天然ガスが産出され、中心部では石炭の他に銀や銅、ラピスラズリ（瑠璃石・青金石）や雪花石膏などがとれ、このような鉱物や絹を使った手工芸品が多く、アフガン絨毯《じゅうたん》とともに世界のマーケットを賑わせていましたが、それも今では遠い昔の話となってしまいました。

シルクロードの交差点

歴史的かつ地理的なアフガニスタンの位置をひと言でいうなら、「アジア大陸の文化の十字路」、あるいは「シルクロードの交差点」ということになるでしょう。

西へ向かえば、ペルシャ（イラン）をへてギリシャに至り、東へ向かうと中国に達し、南へ進むとインドに入って行き、北に行くと中央アジアの遊牧民と出会うことになります。じっさい、一三世紀にはチンギス・ハーンの侵略を受け、その殺戮と破壊によってシャーリ・グリグラ（嘆きの町）を生み出すのです。

多様な民族が行き交ったこの地は、しかし「文化の十字路」でした。紀元前四世紀、ペルシャを滅ぼし、ここを通ってインドへ向かったアレクサンドロス大王の遠征はヘレニズム文化を生み、そのあとインドからやってきた仏教はバーミヤンの巨大石仏を生むとともに中国など東方に仏教が伝来してゆく基地となりました。

その後、七世紀にはアラブ人によってイスラム教の布教がすすみ、この地も西アジアに広がったイスラム文化圏の一角を占めることになるのです。

「アフガニスタン国」の誕生

アフガニスタンは「アフガン人の住む土地」という意味ですが、このアフガニスタンが国名としてはじめて登場するのは一八世紀の半ば、一七四七年のことです。それまでは族長を中心に部族ごとに各地に分散して暮らしており、国というまとまりを持つものはなかったのです。

ところが一七三八年、西隣りのペルシャの王、ナーディル・シャーが東方征服をくわだててから事態が変わります。彼はカンダハールやカーブルを落とした後、インドに攻め込み、首都デリーを陥落させて四七年に帰国するのですが、家臣の手によってあえなく暗殺されてしまいます。

ナーディル・シャーの軍の中で勇将として知られていたのはアフガン人のアフマド・ハーンでした。王の死後、かれは故郷のカンダハールに帰り、ロヤ・ジルガ（族長会議）でアフガニスタンの盟主に選出されます。彼が選ばれたのは、勇敢な戦士であるとともに、詩人であるというアフガン人の美徳を兼ね備えていたからだといわれます。

シャー（王）の称号を得てアフマド・シャーとなった彼は、カンダハールを首都に「アフガニスタン国」を建国します。

その後、アフマド・シャーは、四方に軍を進めて国土を拡大、制覇した地方からの富をカンダハールに集め、反乱を起こしそうな部族の族長はカンダハールに住まわせて統一国家の基礎を築きました。そのためこの初代の王は、国民の父としての敬愛を込めて「ババ（父）」と呼ばれることになります。

アフマド・シャーの後は第二子のティムールが王位を継ぎ、首都をカーブルに移します。以後、この王朝は二〇世紀後半の一九七八年まで二三二年もの間つづきました。二三二年間といえば、徳川家康が幕府を開いた一六〇三年から一八六七年の大政奉還まで、日本の江戸時代二六五年にほぼ匹敵します。

2　近代国家への道

イギリスとの第一次・第二次戦争

一九世紀に入り、内陸国だったアフガニスタンも、他の沿岸のアジア諸国と同様に帝国主義諸国からの脅威にさらされることになります。

アフガニスタンにとっての最初の脅威はイギリスでした。イギリスが東インド会社をつくったのは一六〇〇年ですが、以後、チャンスをうかがいながらインドへの進出と支配を強め、一八世紀半ばにはインドでの支配的地位を確立します。

現在はインドとパキスタンは別々の国ですが、両国が分離したのは第二次世界大戦後の一九四七年八月の分離独立からで、それまでは現在のパキスタンはインドの領域に含まれていました。したがって、アフガニスタンはインドと直接国境を接していたのです。地政学的に見れば、インドを植民地支配するイギリスによって、アフガニスタンは東南から押し上げられる位置関係にありました。

一方、ロシア帝国は、ユーラシア大陸の東でも西でも、南方への出口を求めて南下の機会をねらっていました。そのロシアの南下を防ぎ止め、押し戻す地帯として、イギリスはアフガニスタンを自らの支配下におこうともくろんだのです。

イギリスは実に三度にわたってアフガニスタンに攻め込みました。第一回目は一八三八年から四二年で、王位をめぐる王家内部の争いにつけ込んで、イギリスは軍をカーブルに送り込みました。

これに対し、アフガニスタンの諸部族は「異教徒との聖戦」に立ち上がって奮戦し、四二年一月、イギリス・インド軍戦闘員約五〇〇〇名、非戦闘員一万二〇〇〇名がカーブルからジャララバードに撤退する途中、峡谷を選んで襲いかかり、全滅させたのでした。生き残ったのは軍医がただ一人だけだったと伝えられています。

同じ一八四二年、アヘン戦争を仕掛けたイギリスは、軍艦からの砲撃で清国を屈服させ、南京条約で香港を略取します。しかし内陸のアフガニスタンでは、そのイギリス軍もアフガン人のゲリラ戦には太刀打ちできなかったのです。

こうしてイギリス軍を撃退したものの、北方からはロシアが迫っていました。一八七三年、ロシアは現在のウズベキスタン南部のサマルカンドやブハラを占領し、カーブルに力ずくで大使館を設置しました。

これを見て、イギリスも大使館の設置を要求してきましたが、アフガニスタンが拒否したため、一八七八年、イギリスは最後通牒を突きつけ、再び侵攻してきました。これに対し、アフガニスタンの諸部族は敢然と立ち向かい、八〇年、カンダハール西方のマイワンドで撃破したのです。

この戦いは第一次戦争の勝利がゲリラ戦によるものだったのに対し、平原で正面から対戦した会戦での堂々たる勝利でした。

この戦闘から三〇年近く後になりますが、マイワンドの戦いを指揮したアッユーブ・ハーンは日露戦争後の一九〇七年二月、日本海軍の軍艦・河内丸で日本を訪れ、神戸、横浜などを視察します。彼はイギリス軍を破った英雄として東郷平八郎に迎えられ、日本海海戦の第二艦隊長官・上村彦之丞や乃木希典《まれすけ》などと語り合いました。そのさい、日露戦争で負傷して障害を負った兵士を東京廃兵院に見舞って二〇〇円を寄付したという記録が残されています。

近代化をめざして

二度にわたる侵攻に失敗したイギリスは、方向を転換します。アフガニスタンを支配下に置くことはあきらめ、逆に財政的な援助によって国情を安定させ、ロシアの南下を防ぐ緩衝地帯とすることにしたのです。

一方、アフガニスタンのほうにも、アブドゥール・ラフマンという強いリーダーシップを持った国王が現れました。国王は国軍を創設して国内の反乱を制圧し、イスラム教にもとづいた憲法や関連法規を制定、貨幣を鋳造して銀行制度を設立するなど、近代的な国づくりへと踏み出していったのです。この時期はちょうど日本の明治時代と重なることから、多くのアフガン人は「アフガニスタンと日本は同時に生まれ変わった」と認識しており、その点でも日本に親しみを感じているのです。

しかしアブドゥール・ラフマンは、一つだけ大きな失敗をしました。一八九三年、イギリスとの間で「デュランド・ライン」と呼ばれる英領インドとの境界を画定する条約に調印したことです。イギリス側交渉団の代表の名をとったこの国境線は、現在のアフガニスタンとパキスタンの国境線にあたり、これによってパシュトゥン人の住むアフガニスタン南部の約三分の一がインド領となり、パシュトゥン族の居住する地域は二つに分断されてしまったのです。

しかし、分断された後も暮らしや文化に変化はなく、現在もパシュトゥン族としての一体感は保たれています。そのことが今日のタリバンをめぐる状況を複雑にしているのですが、その遠因はこのイギリスによる国境画定にあるのです。

ただしこの条約の効力は一〇〇年と定められており、本来なら租借期限九九年だった香港やマカオと同じように一九九三年に破棄されるものだったのですが、第二次世界大戦後にパキスタンがインドから分離独立したため、この条約の期限が宙に浮いてしまったのです。

一九〇一年、アブドゥール・ラフマンが死去し、長男のアミール・ハブビッラーが即位します。彼は父王と同じ近代化の路線を踏襲し、教育制度を整備し、文化をだいじにする政治をすすめました。たいした混乱も生じず、平和がつづく中で最初の日刊新聞『セラージ・ウル・アクバール』などが発行されて一般市民に愛読されるようになり、またゴルフやサッカーも盛んに楽しまれるようになりました。

第三次アフガン・イギリス戦争

一九一四年に勃発した第一次世界大戦では、トルコやドイツがアフガニスタンに対し、反イギリス（反連合国）の側で参戦するよう迫りましたが、ハブビッラーは中立の立場を貫きました。しかし、このように好意的な態度を示したにもかかわらず、インド駐留イギリス軍はハブビッラーを好ましい人物と見なさず、一九一九年二月にハブビッラーは、イギリス軍のさしがねによってジャララバードで暗殺されてしまいました。

ハブビッラーの死後はただちに第三子のアマヌッラー・ハーンが王位に就き、同年五月、ハイバル峠の南方でナーディル・ハーン将軍（後に王となる）が率いるアフガン軍とイギリス軍の戦争が始まります。イギリスとの第三次戦争です。

足かけ五年にわたる世界大戦でかろうじて戦勝国とはなったものの、イギリスの国力は疲弊しきっていました。アフガン軍が国境南部のパシュトゥン部族を集結させたことで、イギリスは戦火がインドに拡大するのを恐れ、八月、ラワルピンディ条約を結んで、イギリスは財政的援助を含めアフガニスタンからいっさい手を引くことを認めました。つまり、アフガニスタンの完全な独立を承認したのです。一八七九年のガンダマク条約（注・アフガニスタンの一切の外交権をイギリスに任せ、南部を割譲する）でイギリスに押さえられていた外交権も、このとき回復しました。

第一次大戦のさなか、ロシアで世界史上最初の社会主義革命が起こりました。ロシア革命です。レーニン主義の炎が北隣りのウズベキスタンまで燃え広がってきたことで、アフガニスタンの王族は危機感をつのらせ、早期に友好条約の締結を急ぐための手段を模索しました。その結果、アフガニスタンがイスラム圏の中でトルコを除いて最初の独立国家となったことをアピールし、イギリス軍の北上に対する〝砦〟の役割を強調することで、一九二〇年、ソ連との間に不可侵条約を締結したのでした。

一方、国内では、アマヌッラー・ハーンはアフガニスタンのさらなる近代化をめざして民主化や女性の地位向上を掲げ、国際的な地位を確立するためにヨーロッパの各国と親密な関係を築くことをめざしました。初めにフランス、イタリア、ドイツと外交関係を築き、次にトルコと不可侵条約を締結、一九二一年には隣国ペルシャとも条約を結びました。

教育制度も改革され、女性の教育が開始されました。それまでベールで顔を隠していた女性には、ブルカ（チャダリ）を脱ぐよう指令が出されました。また一九二四年にはロヤ・ジルガ（部族長会議）が開かれ、より近代的な憲法が制定・承認されました。

国内の改革と国際社会への登場

こうした近代化への急速な変化についていけない一部の宗教指導者が、イギリスの支援を受けて反乱を起こし、それに巻き込まれたアマヌッラー・ハーンが王位を剥奪されてイタリアへ亡命したのは、一九二九年のことでした。その間隙をついて盗賊出身のバッチャ・イエ・サカーオが南部での反乱を利用し、カーブルで王位継承を宣言、学校の閉鎖に加えて博物館の貴重な財産を略奪するなどの暴行をはたらきます。

しかし同年一〇月、フランスに亡命していたナーディル・ハーン将軍が祖国に戻り、南部の部族を説得して彼らの支援でカーブルを制圧、サカーオを捕らえて処刑しました。代わってナーディル・ハーンは王位に就き、ナーディル・シャーを名乗ることになります。

ナーディル・シャーは、フランスでの亡命時代にヨーロッパの政治や学問を学んでいましたが、アマヌッラー・ハーンの性急な近代化が国民の反発を招いたことを考慮し、温和な方法での改革推進の道を探りました。

アフガニスタンでは古くからイスラム教が民衆の生活や社会秩序の基盤でした。そこで、憲法の解釈と説明をイスラム法に基づいて国民に説き、学校教育を再開（女子教育はしばらく停止されていた）、博物館を再興し、農業、工業、商業の発展をうながし、銀行制度を再整備、貿易の合弁会社設立などに取り組みました。

一九三〇年にはロンドンで、日本・アフガニスタン修好条約が締結されましたが、アフガニスタンの存在を国際社会に広くアピールしたいというのがナーディル・シャーの政策の重要な柱でもありました。

この時代には急進派の政党も創設されましたが、それに対するソ連からの密かな支援に政府は神経をとがらせていたので完全に自由な政党政治には至りませんでした。最終的にはこの急進派の処刑がナーディル・シャーの命取りとなり、一九三三年一一月に報復襲撃で暗殺されてしまいます。

王権争いを回避するために、ナーディル・シャーが没したその日のうちに、彼のただ一人の息子ザーヒル・シャーが一九歳の若さで即位し、彼の叔父三人が実権をにぎって政治を運営することになり、その中でも政治的手腕に優れていたハーシム・ハーンが首相格となって国の舵《かじ》取りを行いいます。改革派と伝統派の間を上手に取り持つことで実権を掌握したハーシム・ハーンは国際的にも大きな評価を受けました。国内ではパシュトゥ語とダリ語（ペルシャ語の一方言）を公用語として確定、限定付きではあったものの表現の自由を認め、また水力発電や道路建設による交通網の整備が彼の指導で推し進められました。

しかしこれらの大事業はアフガニスタン単独で遂行できるはずはなく、ドイツをはじめ、ソ連を含むヨーロッパの国に加えてアメリカの援助も大いに必要でした。その継続のためにも、一九三九年に勃発した第二次世界大戦ではアフガニスタンは「中立」を守りました。

そのほかハーシム・ハーンの業績で評価すべきことに、一九三四年の国際連盟への加入や一九三七年のトルコ、イラン、イラクの間での不干渉・不可侵条約の締結があります。これはまた大国に対する地域協定でもありました。またこの時期から、農業を主産業とするアフガニスタンで土地改良がすすめられ（完全に成功したわけではありませんが）、国民皆保険（すべての医療費無料）や無償での学校教育が取り組まれました。

ザーヒル・シャーの改革と挫折

一九四五年、五月のドイツの敗北に続いて八月、日本の降伏によって第二次世界大戦は終わります。その翌四六年、ハーシム・ハーンは亡くなり、首相の座は弟のシャー・マフムードに引き継がれました。

彼の時代の大きな出来事は、何と言っても一九四七年八月のパキスタン独立国家の樹立です。

このパキスタンの出現という大変動はアフガニスタン国内の民主化運動を突き動かし、急進派の改革要求が最高潮に達しました。政府は一時この運動を静観していましたが、これ以上放置すれば体制の土台を揺るがしかねないと判断して鎮圧にかかります。これで民主化が遅れるとともに、シャー・マフムード体制にも終止符が打たれることとなりました。

次の首相には、改革派で国民に人気の高かったムハンマド・ダーウド・ハーンが選出されました。彼はザーヒル・シャー国王の従兄で、パリで教育を受け、カンダハール州知事、防衛大臣、教育大臣などを歴任した経験豊かな政治家です。その経験を生かして、ダーウドは国内では教育に力をそそぎ、外交では隣国や大国との関係を強化しました。

また国軍を強化するためにソ連式の軍事訓練を取り入れて最新の武器の支援を受け、一九五五年には中国とも国交を樹立しました。国際的には一九六一年に第一回が開かれた非同盟諸国会議の発足にも貢献しました。

この時代は米ソ両陣営が世界を真二つに割って対峙した冷戦の時代です。中央アジア諸国がソ連邦内に組み込まれたのに対し、アメリカはパキスタンを軍事的・経済的に支援して西側の陣営に組み入れました。それに対抗してソ連は、パキスタンと長い国境線を接するアフガニスタンを支援することになります。

かつて、植民地インドを確保しようとするイギリスと、南下をもくろむロシアがアフガニスタンをはさんでにらみ合ったように、今度はアメリカとソ連がにらみ合い、その対立のはざまにアフガニスタンは置かれたのです。

アメリカを後ろ盾に、パキスタンはアフガニスタンとの国境を封鎖し、アフガニスタンを経済的窮地に追い込みました。一方、ソ連からの圧力も日増しに強まったことから、一九六三年、ムハンマド・ダーウド・ハーン首相は辞職します。

ここで初めてザーヒル・シャー国王は一族の介入を免れ、自前の政策を打ち出せるようになりました。そこで非王族のユスフ鉱業工業大臣を首相に任命し、旧憲法の改正を命じます。一年間をかけて新憲法の素案をまとめて、一九六四年九月にロヤ・ジルガ（国民代表者会議）を招集し、総選挙を行いました。

アフガニスタンの国会は、日本と同様に衆議院と参議院からなります。民主化が進むなか国際的な援助や借款によって工業は盛んとなり、農産物の生産量も増えました。交通量が増え、世界中から観光客がやってくるようになり、治安は世界のどの都市よりも安全という評判さえ聞かれました。

高等教育にも力を入れたため、学生の層も広がりました。ところが皮肉なことに、学生数が増えるにつれ学生運動も盛んになり、学生のデモに対し軍隊が発砲して三名の死者を出す悲劇が生じ、それがきっかけでユスフ内閣は崩壊してしまいます。

3　王政から共和制へ

ダーウド・ハーンの無血クーデター

一九六五年、ユスフの後、ムハンマド・ハシム・マイワンドワールが首相となりました。日本ではその前年に東京オリンピックが開催され、新幹線が走り出したころです。アフガニスタンでは多くの政党が生まれて互いの主張を競い合い、その中で社会主義の党も本格的な活動を開始しました。

しかし、政治的にも経済的にも自由化がすすむ中、次第に地域間の格差が広がり、観光客の訪れる地域や都市部が繁栄する一方で、地方は経済的苦境に追い込まれる羽目になりました。ちょうど現在の日本で生じている状況と同じです。そうした中、人々の政治不信が深まり、革命的変化を望む共産主義の思想が若者の多くをとらえるようになりました。

一九七三年夏、ザーヒル・シャー国王が眼科の治療でイタリアに滞在中に無血クーデターが起こります。一〇年前に首相を辞職したムハンマド・ダーウド・ハーンがソ連派の軍人の助力を受けて再び権力を掌握、王政を廃止して「アフガニスタン共和国」の設立を宣言したのです。

しかし、背後にソ連の影がちらつき、親共産主義と見られたこの政権に対して、イスラム指導者たちが反対運動を起こします。

一方、政権中枢部にあった親ソ連派の指導者や閣僚は、再度、反パキスタン運動を始めます。これに対してパキスタン政府は、アフガニスタン国内の反体制派や宗教指導者を後方支援し、亀裂を深めさせていきました。

一九七五年、憲法改正のロヤ・ジルガが招集され、国王に関する条項を削除して大統領制を導入し、ムハンマド・ダーウド・ハーンを正式の大統領に選出しました。この憲法では、男女平等、人種や宗教差別撤廃、鉱山資源や銀行の国有化、一八歳以上の選挙権が定められましたが、ロヤ・ジルガでは社会主義や共産主義に対する反発が強く、後に火種を残すことになりました。

このように民主化とあわせて社会主義的政策を憲法に取り入れたものの、大統領と親ソ連派政党（人民民主党）との間の溝は日に日に深まり、その背後にひかえるソ連政府とも関係が悪化し、ついにダーウド・ハーンは人民民主党幹部を政府から排除するようになります。これに対し、無血クーデターでの協力者だった軍幹部が暴動を起こし、一九七八年四月、ダーウド・ハーン大統領はその子どもを含む家族全員とともに大統領官邸で殺害されてしまったのでした。

人民民主党の政権と内部抗争

大統領を抹殺して政権を掌握した人民民主党は、ヌール・ムハンマド・タラキーを革命評議会議長兼首相に指名し、バブラク・カルマルを副議長兼副首相、ハフィーズッラー・アミンを副首相兼外相として、多くのソ連人の顧問を招き入れ、共産主義を国づくりの基本にすえて「アフガニスタン民主共和国」の成立を発表しました。

しかし、進歩的で理想的に見えるこの方針も、厳格なイスラム教を信じるアフガン国民には受け入れがたいものであり、加えて宗教的指導者への抑圧が国民の反発を強めたのでした。一〇月七日のソ連の革命記念日に、赤旗をかかげて大通りを練り歩くことは、一般国民の感情を逆なですることでもありました。

一九七九年二月にはアメリカ大使が誘拐、殺害されるという事件が起こります。治安が悪化し、各地で暴動が発生しました。またこの年二月には隣国イランでイスラム革命が起こり、国王を国外退去させるとともにイスラム共和国を誕生させていました。

同年三月、アミンが首相に昇格、タラキー革命評議会議長との対立が深まります。もともと人民民主党の内部には拮抗する二つの派閥があり、鋭く対立していたのです。九月、アミンはついに議長官邸を包囲して密かにタラキーを殺害、アミンは大統領となって政権を掌握します。全国の暴動はことごとく鎮圧され、活動家や指導者数千人が殺され、多くの市民や政治家が投獄されました。

こうしてアミンは強権をもって国を制圧したものの、モスクワの疑念を招いて、わずか三カ月で排除されてしまいます。

4　戦乱の三〇年

ソ連軍の侵攻

アミンがソ連によって排除された理由の一つに、かつてダーウド・ハーンもそうしたように、アメリカに接近し、米ソ間でバランスをとっていこうとしたということが挙げられます。もちろんそれはソ連にとって許せないことでした。

この年一二月、一年前に締結していた「ソ連・アフガニスタン善隣協力条約」にもとづき、共産主義政権を内部崩壊から救うためという名目でソ連軍がアフガニスタンに侵攻、カーブルの大統領宮殿を包囲、アミンを葬ったのです。

そして、内部抗争に敗れてソ連に亡命していたバブラク・カルマルを革命評議会議長の座にすえて傀儡《かいらい》政権を成立させました。以後ずっとカルマル政権が続きます。

ソ連軍一〇万人によるアフガニスタン侵攻が始まったのは一九七九年一二月二七日でした。このソ連軍が侵攻してきた当座は、一般市民の多くは自分たちの国の中枢で何が起きたのか、事情がよくわからず戸惑っていましたが、事態が明らかになるにつれて、徐々にソ連軍への憎しみが深まり、抵抗意識が強まっていきました。アフガン国軍の中からも脱出してゲリラ部隊に加わる兵士が増えていきました。

一方、ソ連軍兵士の士気も高まりませんでした。というのも、当初派兵された兵士のほとんどは、同じイスラム圏の中央アジア出身兵だったからです。彼らは「アフガニスタンが西欧の軍隊とテロに襲われたために助けに行くのだ」と教えられていましたが、実際のアフガニスタンでの戦いは同じイスラム教徒との戦いでした。それゆえ、ソ連軍の兵士の中には戦線から離脱するものが少なくありませんでしたし、アフガニスタン側に寝返って武器を提供することさえありました。

ムジャヒディンの「聖戦」

ソ連の軍事侵攻に対し、アメリカをはじめ国際社会はいっせいに非難し、一九八〇年に開催されたモスクワ・オリンピックでは日本を含め多くの西側の国がボイコットに出ました。非難声明等も出されました。しかし実際に行動を起こす国はありませんでした。

ところで、ダーウド政権を倒して成立した人民民主党政権は、イスラム教の法を無視した形で土地改革を行い、それが大きな混乱を招いて農民の生活を窮地に追い込んでいました。これまでアフガニスタンでは伝統的に、その年に収穫された農作物のうち、三分の一は地主に、三分の一は小作人に、そして残りの三分の一がザカート（喜捨）や税金に充てられることになっていました。

新たな政策ではこの分配関係が崩されたため、農民は誰もが戸惑い、混乱しました。この戸惑いが政府に対する反感を増殖し、共産主義が反イスラム指向であることが次第に国民の中に浸透して反政府運動を助長することになったのです。

最も強く反発したのは、当然のことながらイスラム教の指導者たちでした。彼らはこの戦いを反イスラムに対する戦争と位置づけて、「ジハード（聖戦）」と呼び、それが多くのイスラム教徒を戦場へと駆り立てることになりました。ジハードを戦う戦士は「ムジャヒディン（イスラム戦士）」と呼ばれました。

この戦いを、ソ連の側から見ると、それは歴史的なロシアの南下政策の一つにほかなりません。

インド洋につらなる道の確保は軍事的にきわめて重要であるとともに〝石油の道〟を確保する上でも重要でした。

一方これを、アメリカ側から見れば、それが脅威ととらえられることも明白でした。したがってムジャヒディンのこの反政府・反ソ連軍の戦いをアメリカが支援するのも、〝冷戦の論理〟からすれば当然でした。アメリカは謀略機関CIAを通じてアフガニスタン国内だけでなくパキスタンやイランにも出入りしながらゲリラ戦を続けていたムジャヒディンに、携帯式ミサイル「スティンガー」などの新鋭兵器を大量に供与するとともに、その兵器を使っての訓練まで行ったのです。多くの訓練キャンプが設置され、多くの戦士が訓練されました。オサマ・ビン・ラディンがこの時期にこの基地の一つで訓練を受けた一人であることは、紛れもない事実です。オサマ・ビン・ラディンはその意味で「アメリカが撒《ま》いた種」にほかならないのです。

しかし、このムジャヒディンも全体が統一されていたわけではありませんでした。ゲリラはスンニー派七派、シーア派八派からなっていたといわれます。そしてシーア派は、シーア派の国イランから多くの資金や協力を受けていました。この分立状態のため戦略戦術が一定しておらず、それがかえってソ連軍を困惑させたといいます。

しかしまた、この分立状態こそが、ソ連軍撤退後、アフガニスタンの進路を決定する際に新たな対立を生み出す最大要因となるのですが、それはまだ後のことです。

ソ連侵攻一〇年の深い傷

一九八六年、ソ連は、アフガン国民の間での評判が最悪だったバブラク・カルマルを見捨て、秘密警察長官のナジブラ・アフマドザイに政権を委ねます。彼は新憲法で国名を「アフガニスタン共和国」と改め、革命評議会議長を大統領に戻して共産主義のイメージを一掃しようとしますが、基本的には大きな変化は生じませんでした。ナジブラはパシュトゥン族の出身だったので、パシュトゥン人を巻き込んだ対話の戦略に出ましたが、ムジャヒディンはそれを受け入れず、逆に抵抗を強めます。ソ連軍も部分撤退や一時停戦を申し出ましたが効果はありませんでした。

一九八五年、ソ連には「新思考」を標榜するゴルバチョフ書記長が登場します。ペレストロイカ（建て直し）をすすめたゴルバチョフ政権はアフガニスタン戦争を否定的に評価し、八八年にジュネーブでソ連軍の撤退に合意、翌八九年には撤退を完了しました。

アフガニスタン侵攻は結果としてソ連の経済状態を悪化させ、九一年のソ連邦崩壊の要因の一つとなりました。八九年に撤退するまでの一〇年間、ソ連は総計三〇～三五万の兵力を注ぎ込みましたが、その結果、三万五千人のソ連兵と、約一五〇万人のアフガン人の命が失われるとともに、六百万人ものアフガン人が国内外で難民となってしまいました。しかも後には約二千万個の地雷が取り残され、国際社会の努力によって除去された今もなお八百万個が残され、毎日のようにその犠牲者が出ています。

これらの地雷は一般市民の生活の場、道端や田畑に残されたままになっており、日常生活の妨げになっています。また、ソ連軍はヘリコプターから「玩具爆弾」と呼ばれたプラスチック製の小型地雷を投下しましたが、子どもが触れることが多く、いまだに障害を生み出しているのです。

ムジャヒディンの派閥抗争

ソ連軍の撤退を前に、ナジブラはアフガニスタンの将来について、次のように語ったといいます。

「アフガニスタン、米国そして文明世界は、原理主義に対していっしょに戦うという共通の任務を背負っている。もし原理主義がアフガニスタンに押し寄せてくれば、何年も戦争が続き、アフガニスタンは世界的に麻薬の温床となり、そしてテロの発信地となるであろう」

その時点では、まさかそれが現実となると思った人はいなかったでしょう。しかし、やがてそれが現実となってゆくのです。

一九九二年、ナジブラ政権に最初に見切りをつけて離反し、ムジャヒディンのイスラム協会派

（ラバニ派）司令官のアフマド・シャー・マスードと連携を深めたのは、ラシード・ドストム将軍でした。この両者の同盟が、後に結成される「北部同盟」の核となります。

ナジブラ政権が下り坂になるにつれて、ムジャヒディンは多くの地域でそれぞれの部族の司令官や政府高官と同盟関係をつくり、政権奪取後の役職の割り振りと引き替えに、大砲や戦車、さらにジェット戦闘機などの武器、弾薬を手に入れたのです。この裏契約においては、特にマスードが長《た》けていました。彼はソ連支配時代から、軍の車列がサランの要衝を無事に通過するのを保障することを条件に、ソ連軍から大量の武器や金銭を得ていました。このようにしてムジャヒディンは各地域や都市を戦略的に掌握できるよう準備していたのです。

一九九二年八月、パキスタンで活動していたムジャヒディン七派と、北部でマスードが指揮していたグループがカーブルを掌握しました。ナジブラは国外脱出を試みましたが空港で捕まりそうになったため、カーブルに戻って国連機関に保護を求めました。

これを機に、政権奪還を夢見ていたムジャヒディン各派は、自分たちこそが先頭に立つべき集団であると確信し、互いに譲ることはしませんでした。人数が多かったヘクマティヤル派は、当然自派が支配的立場に立つべきだと主張しましたが、他の六派、とくにマスード派は頑強に反対しました。

この政権争いは、結局、当座は各派閥の首領が三カ月交代で大統領に就き、一年後に政情が安定した時点で選挙を行って改めて新大統領を選出するということで決着しました。

この約束に従って、年齢の順で最初にギラニーが大統領の座につき、首相にはヘクマティヤルが就任しました。そして次の三カ月間サヤーフが大統領を務めた後、三番目のラバニが大統領になると、国防大臣のマスードと結託して約束を破り、政権は当分譲らないと宣言したのです。

こうして、各派閥間の血みどろの抗争の幕が切って落とされました。なお、この大統領のたらい回しはスンニー派七派閥の間だけであり、当然シーアの八派閥も政権奪取を狙っていたため、争いはスンニー派、シーア派入り乱れての乱戦となりました。

この派閥抗争の中で、一九九三年二月、マスードの政府軍がハザラ族の居住地域、ハザラジャードの郊外にあるアフシャール地区に入り、地元の伝えによると、老人、女性、子どもの首はおろか犬の首まではねて、市民約一千人を惨殺し、井戸の中に放り込んだといいます。後にこの事実は、アムネスティ・インターナショナルの報告でも指摘されました。

一方、そのハザラ族のマザリ派（後ハリリ派に変更）は、政権入りや首都の占領に遅れをとったので、カーブル市内の中央部から西側を占領し、富豪層を家々から追い出し、そこに無断で立ち入る者は問答無用で殺し、またある者は、首をはねた後に火をつけて体がもがいて踊るように見えるのを「死の踊り」と称して楽しんだといいます。まったく残虐きわまりない光景があちこちに繰り広げられたのです。

こうした中、ヘクマティヤル派はラバニやマスードが占領していたカーブル市を迫撃砲やミサイルで攻撃します。その結果、共産主義政権時代にも首都として唯一市街の形をとどめていたこの街も崩壊します。一方、地方ではそれぞれの地域を支配する軍閥が猛威を振るって、略奪、暴行、殺戮を繰り返したために、アフガニスタン全土で五〇万人もの犠牲者を生み出します。そして国民のほとんどが国外を含む避難民となりました。

アフガニスタンがこのような惨状を呈していたのに対し、国際社会は手を差しのべるどころか、大量の武器や弾薬を提供してこの残酷な内戦を煽り立てることさえしたのです。アフガン国民は神以外に頼るすべはなく、天の助けを待つばかりでした。

タリバンの登場

このようにアフガニスタンが救いようのない状況に陥っていた中、一九九四年一〇月に世直し軍団としてカンダハールに現れたのが「タリバン」の一派でした。当時、ムジャヒディンの一人であったムッラー・モハンマド・オマルが、村の女性二人が地方司令官にレイプされたのを見て、神学生集団＝タリバンのグループ二二名を動員してその地方司令官を殺したのがこの運動の始まりと言われています。地方司令官の暴虐に耐えていた村人にとって、この行為は感動的であり、被害者の反乱として、一般の住民はタリバンを支援するようになりました。タリバンは次第に勢力を拡大し、カンダハールの都市部に手を伸ばすまでになりました。

当時、カンダハール市内は異なった組織の司令官三名が支配していました。市民たちは三派による強奪と殺戮、レイプにおののく日を送っていました。そうした市民たちに風の便りで伝わってきた、コーランを手に秩序の回復を叫んでたたかう神学生集団はまさに救世主と思われたでしょう。この情報をキャッチした隣国パキスタンの政府は、チャンスを見逃しませんでした。ムッラー・モハマッド・オマルへの支援を発表し、国境のスピン・ボルダックを通って大量の武器、食糧とともにＩＳＩ（パキスタン軍統合情報部）の一部が応援に駆け付けました。

彼らはわずか三日間の戦闘でカンダハールを陥落させます。その後、カンダハールの秩序を守るために六名のシューラ（長老組織）が結成され、道路に築かれていたバリケードの撤去、すべての武器の撤収、犯罪と麻薬の撲滅、女性の安全を守るための厳格な外出禁止、一日五回のイスラム法にのっとったお祈りの施行などが布告されました。殺人者、泥棒、麻薬売人になり下がったムジャヒディンの追放と処罰の実行が宣言されました。

一般市民にとって、この厳格な戒律を守るのは厳しいという認識はもちろんありましたが、何年も無法状態が続いていたことを考えると、タリバンの政策は最大限に歓迎されました。人々はやっと安心して暮らすことができるようになったのです。

一九九五年になると、タリバンは刀狩りに成功しただけでなく、国境沿いにあったヘクマティヤル派の武器の隠し倉庫をＩＳＩの情報により見つけ出して、大量の武器を獲得しました。また人員も二万から二万五千人に増えて、首都カーブルへの攻撃を計画するまでになりました。

カーブルやパルワンを支配していたのはマスードのイスラム協会派であり、それに対し、カーブル南部のローガル地区からジャララバードまではヘクマティヤルが支配していました。この状況の中で国際援助機関はもはや市内で活動することができず、国際赤十字委員会のピーター・ストーカー現地総裁は、「今やカーブルでの生活は地獄化している」と言い残して国外に去りました。

国際機関にも見放されたカーブルやその周辺の住民は、カンダハールの治安回復を伝え聞いてタリバンの進攻を心待ちにしていました。マイケル・グリフィンは著書『誰がタリバンを育てたのか』（邦訳・大月書店）でこう述べています。

《この（注・タリバンの）軍隊には国を占領するという将来への明確な目標（欲望）などはなく、一般の兵士は純粋さと忠誠心によって大きく目を見開いていた。自分達は何のために戦っているのかをちゃんと知って、アラー・アクバルを唱えながら無心にカーブルに突進していた。タリバン軍は規律正しく、幼いころからマドラッサ（神学校）で学生に叩き込まれてきた規律と服従を反映していた。彼らは何のために戦っているのかを正確に知っていて、ムジャヒディン時代のようなレイプや略奪はしなかった》

タリバン政権の成立

一九九六年九月、タリバンがカーブルをほとんど無抵抗で占領しました。このカーブル占領直後、タリバンは国連の施設に潜伏していたナジブラ前大統領を見つけ出し、一般市民の目前で公開処刑しました。この事件が国際的に「タリバン＝野蛮人」であるという印象を与え、その後の評判を決定付けました。しかしまた、これは、ほかのムジャヒディンの首領や軍閥への見せしめではなかったかとも言われています。

ムジャヒディン時代には通貨が不統一で、ラバニ派はロシア軍の援助でアフガニ紙幣を刷り、ヘクマティヤル派はパキスタンで自分らの紙幣を印刷させ、北部ではドストム将軍が北部アフガニ紙幣を印刷して、その金で兵士を募集していました。

一九九六年にはマスードがヘクマティヤルに二〇〇万ドルをキャッシュで渡して、パキスタンで志願兵を募ったとされています。タリバンはこうした状態をやめさせ、統一した紙幣を使うように改めさせた結果、軍閥の紙幣の価値は失われることになりました。

タリバンは外国からも支援を受けました。直接には先にも触れたようにパキスタンから支援されたほか、資金面では米国とサウジアラビアから後方支援を受けました。その後（九八年）タリバン政権の「アフガニスタン・イスラム首長国」が発足したさいは、パキスタン、サウジアラビア、アラブ首長国連邦の三国が正式の国家として承認しました。

一九九七年冬、カーブルでの食糧難を引き起こしてタリバン政権を窮地に追い込もうと、北部のサラン・トンネルをマスード派が、シルク峠をヘクマティヤル派が封鎖しました。そのためカーブルの市民は悲惨な状況に陥りました。

この年の年末年始、私がＷＨＯ（世界保健機関）の短期専門家としてジャララバードとカーブルを訪れた時は氷点下一〇～二〇度の厳しい寒さで、ちょうど断食の月でもあり、食糧難を身をもって体験させられました。夕食時にレストランを見つけるためさんざん歩かなくてはならなかったのです。町には裸足の子どもたちが夜まで物乞いをしていました。しかし、後にパキスタンから大量の食糧や燃料が運ばれたことで、物価はムジャヒディン時代の半額となりました。

三月には、ヘクマティヤル派、マスード派とシーアのハザラ系ハリリ派がタリバンに対抗する同盟を組みました。これが後に米国と手を結んで活動する「北部同盟」です。この同盟はタリバンに対し、ヘラートを攻撃して占領し、次いでカーブルの南部のローガルも攻撃しましたが、これはタリバンに撃退されました。一方、ラバニ派は西の隣国イランと、タリバン後の政策協定に調印し、イランは同時に中部のシーア各派を支援することになりました。

ドストム派はマザリシャリフ、マスード派はパンジシェール渓谷、そしてヘクマティヤル派は南部へ撤退し、ハリリ派などのハザラ系の一派は中部で時期を待って、それぞれの陣地を構えました。

この時期に日本から、国連アフガニスタン関係諸国会議（UNSMA）に政務官として高橋博史氏が派遣され、双方の仲介を試みて東京和平会議の開催を模索しました。その後、さまざまな組織が数回にわたり、各派の要人を東京に呼んで対話を持ちました。

タリバンのナンバー3と言われていた保健大臣のムッラー・アッバースが、代々木国際研修所に泊まっていた時に、私は彼に会い、平和とアフガニスタンの将来に関して話し合いました。ザヘッド外務次官の来日時にも、私は協議に加わったことがあります。北部同盟のセィラット（ボンの会議で代表を務めた）も来日し、またザーヒル・シャー王の側近で、彼の主治医も務めていたザルマイ・ラソウル（カルザイ政権で閣僚になった）も東京に招かれ、たびたび会議を持ちました。このように日本政府は各団体とのチャンネルを持っており、必要に応じて接触していました。

オサマ・ビン・ラディンの接近

一九九六年ころにジャララバードを実効支配していたハリス派に、かつてソ連軍との戦いで仲間として戦場で生死を共にしたアラブ人戦士たちがいました。彼らは米国の訓練キャンプで訓練を受け、アフガニスタンでもよく知られており、言語も流暢で温かく受け入れられていました。その中の一人、ソ連軍と戦ったムジャヒディンの時代に一派のリーダーとして振る舞ったオサマ・ビン・ラディンが、九六年五月、それまで滞在していたスーダンを米国の圧力で追い出され、再びアフガニスタンに移ってきました。

タリバンのジャララバード占拠に際しては、ハリス派からの若干の抵抗はありましたが、パシュトゥン人の中ではタリバン寄りの派閥も少なくなかったので、結果的に無抵抗でこの町を制圧しました。

この時にオサマ・ビン・ラディンがタリバンに紹介されたのですが、初めは快くは迎えられなかったといいます。後に彼はカンダハールへ移動し、タリバン創立者のムッラー・オマルに紹介されましたが、口下手でコミュニケーションも得意でないオマルは、彼の華麗で巧みな弁に惑わされることはありませんでした。オサマ・ビン・ラディンにとっては期待外れだったでしょうが、種々の手段を考えて、最終的に協力体制つくりに成功しました。そして自分の娘をオマルに嫁がせ、友好関係を深めることになったのです。

タリバンはついに国内の九〇％までを支配するに至り、制圧した地域での武器没収、治安の正常化をすすめることで国民の支持を得ました。その結果、それまでの異常事態は収まったものの、タリバンは厳格なイスラム化を掲げ、女性隔離政策、写真撮影禁止、音楽や映画の鑑賞禁止、盗賊に対しては手首を切断するなどの厳しい処罰を加えることなどを国民に押し付けました。

噂では、看護師の勤務を禁止したこともその一つに挙げられていましたが、少なくとも私が一九九七年に訪れた時には、女性の看護師がカーブル市内の病院に勤務しており、医療情勢などについて直接彼女から説明を受けたことを記憶しています。

しかしながら、その原理主義思想や厳しすぎる統治行為を国際社会から認められなかったタリバンは、次第に孤立し、アルカイダの影響力に屈することになります。

バーミヤン巨大石仏の破壊

一九九八年二月、オサマ・ビン・ラディンが反アメリカ、反ユダヤのファトワ（宗教的な指令）を出します。オマルはこれに激怒し、自分以外の指令は無効であることをタリバンに指示しました。

その年の八月、ケニア、タンザニアの米国大使館が爆破され、二百人をこえる犠牲者を出します。その爆破テロの首謀者として、米国はタリバンに対し、オサマ・ビン・ラディンの引き渡しを要求しましたが、タリバンはパシュトゥン族の掟に従って「客人を敵には渡せない」と拒否したため、米軍はかつてスーダンに対して行ったように、インド洋からカンダハールとパクティア州に対し、七〇発もの巡航ミサイルを撃ち込んだのでした。これで双方の関係悪化は決定的となり、サウジアラビアもまた米国に追随して友好関係を打ち切りました。

タリバン政権はますます孤立し、アルカイダ以外に頼る組織や援助国はなくなりました。一九九九年一二月、インド航空機のハイジャック事件が起こりますが、タリバン政権の外務大臣ムタワッキルの努力でカンダハール空港での乗客の無条件解放によって解決しました。これでインド政府との関係改善が期待されましたが、一時的によくなっただけで、タリバンの国際的孤立は解消されませんでした。

その後は、治安のための武器の買い取りや政治活動の資金を獲得するために、テロ行為や麻薬の売買・運搬などを行うようになります。それがまた国連と米国による経済制裁に拍車をかけることになり、もともと一枚岩ではなかったタリバンの内部に内紛が発生する引き金となりました。この時期、国際社会に対する反発から、オサマ・ビン・ラディンに近い強硬派の中には報復を模索する動きも生じてきたのです。

そのうちの一つが、バーミヤンの巨大石仏の破壊という構想でした。この大仏は一六八〇年ほど前の四世紀の前半、クシャン時代に建造され、仏教が中国や日本へ伝わってゆく上で大きな役割を果たしたと考えられています。この貴重な文化遺産の破壊を、タリバンはイスラム教における偶像崇拝の禁止の一環だと主張しましたが、国際社会や仏教界は声をそろえて反対しました。

四世紀前半に建造された貴重な文化遺産、バーミヤンの巨大石仏。

この時期、歴史家・文学者でカーブル大学教授だった私の父親アブドゥル・シャクール・レシャードはオマルに手紙を送り、「バーミヤンの仏像はイスラム教の生まれる以前に建立され、宗教的な意味よりも歴史的な価値が大きく、イスラム教で禁じた偶像崇拝には当たらない」と説明し、破壊の断念を促しました。

そして実際、大仏はアフガニスタンの宝であり、歴史的な価値が大きなものなので保護すべきであるという旨のファトワ（イスラム教の指令）がくだされたのです（そのコピーの一部を私も目撃したことがある）。

しかし、国際社会の圧力や制裁への対抗措置として、二〇〇一年二月、タリバンはバーミヤンに侵攻し、ハザラ人約三〇〇人を殺害した後の三月一二日に大仏を破壊しました。取り返しのつかない人類の文化遺産の破壊も、タリバンにとっては自己の力を誇示するための手段に過ぎなかったのです。

二〇〇一年四月の穏健派の指導者マウラヴィー・ラバニの病死とともに穏健派は失速し、強硬派の独擅《どくせん》場となります。一般国民に対し厳しい戒律が押し付けられ、タリバンの国内外における印象をいっそう悪化させました。

こうしてタリバンの孤立は決定的となり、オサマ・ビン・ラディン率いるアルカイダの究極の目的であったアメリカ本土への攻撃に向け、国内外において特殊訓練が行われます。しかし、このテロ攻撃チームの訓練生はすべてアラブ人であり、アフガニスタン人は一人もいませんでした。現に、のちに発表された二〇〇一年九月一一日の米国同時多発テロ（9・11）の実行犯の中にはアフガニスタン人の名前は一つもありません。

しかしこの同時多発テロの報復として、米軍の空爆により、アフガニスタンは全土が破壊されつくすのです。

「9・11」同時多発テロとその予告

「9・11」の経過について見ていきましょう。

「9・11」の前日、二〇〇一年九月一〇日、北部同盟（ラバニ派）の実力者で、カリスマ的人気のあったマスード司令官が、アルジャジーラ放送局の記者と名乗った人物によって暗殺されました。アフガニスタンに対する他国の戦略は新しい局面を迎えます。特にイランは、この事件を最大に利用しようと画策し始めました。

しかしその余裕もなく、翌一一日にはボストンからロサンゼルスに向かって飛び立った旅客機がハイジャックされ、ニューヨークの国際貿易センタービルや国防省（ペンタゴン）に突入して、厖大《ぼうだい》な犠牲者を出しました。

これに対してブッシュ米大統領は、これを「米国に対する戦争布告」と断定して「対テロ戦争」を宣言、首謀者と見るオサマ・ビン・ラディンの引き渡しをタリバンに要求しました。しかしタリバン強硬派は、「客人の引き渡しはパシュトゥン族の掟に反する」ことを理由に、引き渡しを拒否します。

この時、カンダハール市において約七〇〇名の宗教者や部族指導者が二日間の会議を持ち、オサマ・ビン・ラディンの自発的な国外退去を求めるとともに、アメリカに対してはアフガニスタンへの報復攻撃の自制を要求しました。あわせて、もしそのような攻撃が行われたとすれば、「反イスラム行為と見なし、ジハード（聖戦）を宣言する」ことも発表しました。

以上のことにかかわって、私にも忘れられない出来事があります。

「9・11」の半年前、二〇〇一年三月初め、私はパキスタンの首都イスラマバード市内で、後に大統領になったハミード・カルザイ及び彼の側近たちとイタリア料理店で夕食のテーブルについていました。その時、「タリバンやアルカイダはとんでもないことを考えて実行に移そうとしている」と打ち明けられたのです。当然のことながら、アメリカの反撃も相当なものになるであろうという予測も聞きました。

このパキスタン訪問時には、後にカンダハール知事となった軍閥のグール・アガーと、現都市開発大臣のユスフ・パシュトゥンともイスラマバード市内のレストランで昼食をともにしましたが、彼らも人手を必要とし、近いうちに権力の拡大が必要だと話していたことが印象的でした。ただしこれらのことが、アメリカ国内に太いパイプを持っていた彼らが入手していた密かな情報によるものであったことは、当時の私には知るよしもなかったのです。

「北部同盟」とアメリカ軍の攻撃

アメリカ政府内では、反アフガン戦争と反イラク戦争の同時開始が、親ユダヤ派のチェイニー副大統領とラムズフェルド国防長官を中心としたグループによって画策されていました。その一方では、CIA（アメリカ中央情報局）を中心に、反タリバン組織として北部同盟を背後から支援していく作戦が練り上げられていました。

CIAは、多くのエージェントに大量のドルの札束を持たせて、タジキスタンやウズベキスタンから侵入させ、暗殺されたマスードの後継者であるファヒム将軍（のちの国防相、副大統領）とアブドゥッラー渉外担当（のちの外務大臣）、そしてマスードの弟に金を渡して、反タリバン運動を促しました。マザリシャリフを拠点にしていたウズベック族のドストム将軍もまた反タリバンの有力者と見なされ、大量の武器の提供を約束されていました。北部同盟には、ソ連製の大量の兵器に加えてアメリカ製の重火器や兵器が手渡され、カーブル方面への進軍開始の命令を待つばかりでした。

二〇〇一年一〇月七日、「報復戦争」の名目で、米英軍のアフガニスタン攻撃が始まりました。翌日、オサマ・ビン・ラディンが「反米ジハードを継続的に行うとともに、イスラム教徒はそれに参加することが義務である」という趣旨の声明を発表します。

タリバンに対する米軍の攻撃は、もっぱら空からの攻撃、つまり空爆でした。それに対抗する兵器は、タリバンにはありません。当然、攻撃は一方的なものとなりました。巨大な戦略爆撃機Ｂ52を含め米軍機は勝手放題にクラスター爆弾等の新型高性能爆弾をタリバンの基地を目がけて投下しつづけました。

しかし、高空からの爆弾は攻撃対象を選別しません。空爆はタリバンだけでなく、老人や子ども、女性を含む民衆をも殺戮します。いや、上空の米軍将兵がそれを避けようと意識していたかどうかもわかりません。空爆はアフガンの人々のおびただしい死を生むと同時に、内戦で破壊されたアフガンの国土をさらに無残に破壊しつくしていきました。

世界中の人々の予想に反して、タリバンの抵抗はつづかず、その主力は平地から東部の山岳地帯へと移っていきました。それを追って米軍の空爆による破壊も拡大していきます。

一方、北部同盟はまずアフガニスタン北部でタリバンを孤立させ、マザリシャリフを攻略し、その周囲で約三千名のタリバン兵を殺害しました。次にカーブル方面へ向かいますが、米軍は首都での略奪などの不祥事を恐れて自制を求めます。

アメリカの戦略では、最初からすべての権力を北部同盟に移行しても戦後に秩序を維持することは困難であり、やはり人口の約五割を占めるパシュトゥン系の支配が望ましいと判断していました。そのため共産政権時代に警察長官を務めたアブドゥール・ハクを米軍のヘリコプターでカーブルの南部のローガル州に潜入させ、カーブルの占領を計画していたのです。しかしこの計画はタリバンに発覚し、ハクはヘリコプターから降りた途端に殺害されました。

次なる人材を模索したところ、パキスタンの南西部のクエッタに滞在中のハミード・カルザイが浮上してきました。彼の父親は国会の副議長を務め、アメリカと親密な関係にありましたし、しかもその父がタリバン時代に自宅前で殺害されたことから、カルザイは反タリバンでもありました。今回の戦争ではカルザイもパシュトゥン族とタリバンの分断の作戦を担っており、タリバンの標的になっていましたが、彼が所属するポパルザイの部族の多いウルズガンに移動し、タリバンとの戦いで有利な立場に立っていました。

一一月一三日、自制を求められていた北部同盟が、米軍の説得を無視してカーブルを無血で制圧し、勝利宣言を行いました。市民は厳しい戒律から解放されたことで喜びを噛みしめる一方で、ムジャヒディン時代の悪夢の再現を恐れました。

一一月二七日、ドイツのボンでアフガニスタンの各派の代表団が集合し、新しいアフガニスタンの運命を決定する会議を開きました。その結果、一二月五日には暫定行政機構の成立がドストム派以外の賛成多数で採択され、議長にアメリカの要望通りカルザイが就任することになりました。

一二月六日、オマルがカンダハールの権限を明け渡したことで、ついにタリバン時代が終息しました。

この一二月にはまた、国連安保理事会の決議による多国籍軍がアフガニスタンに派遣されました。アメリカ軍の他に主力としてイギリス、ドイツやフランスによるNATO軍、さらにアフガン国民が受け入れやすいようにイスラム国の代表としてバングラデシュやトルコ、ヨルダン軍の派遣も行われました。パキスタン軍も派遣を検討しましたが、反タリバン勢力の反発も考えて見送られました。

一二月二二日、暫定政権の発足記念式典が行われて、新しい時代の幕開けとなりました。

この暫定行政機構が発足した直後の一二月二五日、私はペシャワールから陸路でジャララバードまで移動し、さらに米軍の空爆や地上作戦が行われていた最中にカーブルまで移動しました。その途上、放置された遺体や、破壊の極限を目の当たりにしたことは、今でも忘れられません。国境沿いの山中にあるトーラボラでアルカイダやタリバンの残した家族、洞窟から出て保護を求めた子どもや婦人たちまでもが一斉に砲撃され、殺害されたことを、通訳の青年が泣きながら語ってくれました。

また、ローガルの周辺を訪れた時にはまだ爆撃機が飛びかい、常に身の危険を感じました。カーブルの北西部のハイルハーナ地区（私の家族が住んでいた）では、クラスター爆弾攻撃で破壊され

住宅街が空爆されたカーブルの一角。著者の実家はこのすぐそば。〔撮影〕内堀タケシ

た住宅街の一角にあったタリバンの拠点で、私は危うく不発弾を踏むところでした。市内や行政の役所では北部同盟軍の横柄ぶりが目立ち、市民はタリバン時代よりも抑圧されているように見え、不安と絶望の渦に巻き込まれているようでした。

東京で開催されたアフガニスタン復興会議

アフガニスタンの復興の必要性を国際社会に認識させるため、二〇〇二年一月二一日、東京で国際会議が開かれました。六〇カ国、二二国際団体が参加したこの会議の議長は、アメリカのパウエル国務長官と日本の田中真紀子外務大臣、そして緒方貞子アフガニスタン支援政府特

破壊され、無惨な姿をさらすビル。カーブル市内。01年暮れ。

別代表の三名でした。

この会議で、多くの国々が多額の援助金を約束してくれました。日本の支援は医療保健分野、警察組織支援、教育支援、そして一部の道路などのインフラ整備が主体でした。

この会議の直前、年末年始にアフガニスタンを訪れていた私は、医療事情や感染症の実態を整理し、復興会議前に自民党本部や国際協力機構（JICA）を訪れて、アフガニスタンの需要を説明し、支援策を要望していました。その結果、支援計画に結核を中心とした感染症対策が盛り込まれ、たいへん感激しました。

二日間の協議で、日本政府が五億ドル（二年半）、アメリカは一年で二億二六〇万ドルなど、総額で三〇億ドルの支援金が約束されました。

これに対してカルザイ大統領は、効率性や透明

アフガニスタンの今後についてカルザイ議長と話し合う。02年５月。

性のある国家をつくることを宣言しました。

この会の前夜祭で、私は暫定政権のアルサラ副議長と会い、北部同盟への今後の対応と統一国家としてのビジョンを慎重に描くことを提言しました。その後、五月にも私はカーブルを訪れて、直接カルザイ議長と面会し、再度このことを討論しました。この時すでにカルザイは自分の自由が利かないことに気付いていましたが、もう時期は遅いという感じでした。

アフガニスタンの復興と武装・動員解除

二〇〇一年九月一一日のニューヨークでの破局的なテロ、そしてその後のアフガニスタンの運命、さらにイラクへの侵攻と、残虐な戦争への流れは多くの人が報道で見てきたとおりです。

このような経過をへて「アフガニスタン・イスラム共和国」の新政権が発足し、平和の構築を開始したのですが、そのために真っ先に必要なことは、全国にばらまかれた武器を回収し、「兵士」たちを「軍閥」から解放して社会に復帰させることです。武装・動員解除（ＤＤＲ）が、これです。

しかし、その前に立ちふさがる大きな難題は、「今まで軍閥に雇われ、戦いや人殺しで食べていた人々が、武器を取り上げられた後に何をやって食べていけばよいのか」ということです。職業訓練を行うといっても、工場らしい工場はなく、農場はまだ地雷だらけであり、地方では治安も安定していません。そういう状況の中で衣食住の確保という当たり前の生活をするために、どこでどのようにして収入を得ればよいのか……。そして続く問題は、その回答を政府が用意できていないということです。

国連によるＤＤＲの想定期間中には六万人が武器を供出しました（その指揮をとったのが伊勢﨑賢治・現東京外国語大教授です）。しかし、登録されていない人々がまだその倍もいる現実では、いまだに成功したとは言えません。一方、周辺国から毎日のように新たな武器が入り込み、軍閥の手に渡っていることが、この問題をますます複雑にしています。

さらに最近は地方の治安が悪化し、多くの一般住民が犠牲になっています。その主な理由は、国際社会から提供される援助金の不公平で効率の悪い分配の仕方にあると考えられます。開発や復興の名目でばらまかれている援助金によって、都市部と地方の格差がますます広がり、就職の機会や収入の額の差別が、政治への不満をつのらせ、結果的に治安の悪化につながっているのです。しかし、こうした現実に対して多くの政治家やその支援者たちが目をそらし、すべての犯罪行為を「タリバンの残存者による犯行」として終わらせようとしているのが現状です。

山積する難題と不安

二〇〇六年七月の第二回東京会議（「平和の定着」に関する会議）では、再度莫大な金額が非合法武装集団の解体（ＤＩＡＧ）のために割り当てられました。しかし、前回行われた元兵士の武装解除、社会復帰の実績を検証することなく、巨額な資金がどう使われ、どう役立ったのか、その評価と用途は不明のままです。

軍閥から武器は集められたものの、それがどうなったのかは検証されていません。一方で、武器を収入源としていた彼らは次の収入の手段をどうしているのか、これも実態はわかっていません。技能訓練が行われたという報告はあるものの、その検証はなく、訓練を受けたとしても、どこにそれを活用する場があるのか、供出した武器と交換されたお金で最新式の武器が買われ、より最新で強力なものに化けなければよいが……と、心配の種は尽きません。

第二回東京会議には、再度カルザイ大統領が来日し、アフガニスタン政府の実績が延々と述べられ、テレビや新聞のインタビューの中でも大統領は希望と実行可能な計画を強調しました。しかし、現実は誰の目にも明らかなように難題と不安が山積し、この七年間の努力とお金は、むしろ復興を一〇年間遅らせた結果となっています。

カルザイ大統領は政治家に会って会議をするよりも、むしろ日本の財界人と会って、アフガニスタンへの投資を依頼することが必要だったように思われます。職を失った軍閥の元兵士や一般市民に仕事を提供できるように投資をすることが、アフガニスタンの復興に最も必要なことだからです。たしかに治安の安定が投資の条件には違いありませんが、衣食住もままならないのに治安の安定が訪れるわけはないからです。

このもつれにもつれた難題を、どこから、どう解いていけばよいのか、簡単に答えが見つかるとは思えませんが、本書の終章で再度考えてみたいと思います。

第Ⅲ章

「カレーズの会」八年間の歩み

難民キャンプで診療する著者。

「カレーズの会」の立ち上げ(02年4月)

アフガニスタンへの医療と教育面での復興支援を目的に「カレーズの会」を立ち上げたのは、米英軍の空爆が始まってまだ半年、二〇〇二年四月のことでした。

アフガニスタンで空爆による多数の犠牲者が出ているということに対し、日本でも一般市民の反発が強く、この時期、方々で抗議集会が開かれ、私も講演等に招かれる機会が多くなっていました。そんな中、たしかその集会は、静岡県産業経済会館で開かれた会だったと思うのですが、参加された方々が、「何とか支援の手はないものか」「われわれも何かしなくては」「何かできることはないか」といった意見が飛び交う中、白羽の矢が講演した私に振り向けられたのです。

「アフガニスタンを祖国に持つきみこそが先頭に立って行動を起こすべきではないか!」

そのほか、これまで私の活動を知っている親しい方たちからも、

「いつまでも一人でやっているのではなく、ここまできたらみんなの力を借りて組織的にやったら、もっといろいろなことができるのではないか。われわれだって、できることがあればお手伝いさせてもらいたい」

そう強く背中を押されたのでした。これまで一六年間、単独でパキスタンやアフガニスタンの

難民キャンプで医療ボランティアを続けてきた私にとって、それは何とも心強い応援でした。

中心になってくれたのは、静岡県ボランティア協会常務理事の小野田全宏氏（現カレーズの会の副理事長）、日本語教育センター理事長の故石原康彦氏、私の実弟で日本に滞在中のレシャード・シェルシャーらでした。数回の会合で、会の目的、発起人、活動内容、会の名称などがトントン拍子で決まっていきました。

活動として何を中心にすえるかという点では、これまで私がやってきたのは医療活動です。実際、私は医者ですから、医療ははずせません。そしてもう一つは、教育です。復興を支援するといっても、いつまでもわれわれがお手伝いするだけではダメで、人が育っていかなくてはならない。そのためには、子どもたちが教育を受けられる条件をつくっていかなくてはなりません。会の二大目標は「医療」と「教育」と決めました。

会の立ち上げについては、マスコミも好意的に取り上げてくれ、新聞各紙がこんな報道をしてくれたものです。

《……会の名称は「カレーズの会」、現地の言葉で「命の水」「癒しの源」の意味。今後、米軍により空爆の被害が大きいカンダハール州などに拠点となる診療所を設け、現地で雇った医師や看護師、教育者らのチームで複数の村を巡回しながら診療活動や子どもらへの教育を行っていく予定だ。センターの設置費を含め、活動を始めるには約一万二千ドル必要といい、今後、会費で資

金を集めながら活動範囲を広げて行く方針。……》（「読売新聞」02年4月5日付）

現地で診療所がオープン（02年7月）

本部を静岡市にある静岡県ボランティア協会の中に置かせていただき、NGO「カレーズの会」が発足しました。新聞の報道でも触れていたように、「カレーズ」とは、現地の言葉で「地下水脈」、アフガニスタンの奥深くにはヒンズクッシュ山脈を源流とする豊かな水脈が縦横無尽にあり、「いのちの水脈」「癒しの源」「将来への夢」を意味します。会の名称はそれにちなんだもので、一人ひとりの力は一滴一滴であっても、集まれば大地を潤う大きな流れになることを願いました。

さっそく弟、レシャード・シェルシャーに現地に飛んでもらい、アフガニスタン政府に活動の申請をする一方、診療所開設の準備に奔走してもらうことにしました。診療所の場所については、私も前年暮れに現地で実情を見てきたことから（第Ⅱ章93頁）、できるだけ地方に、それも医療サービスが行き届いていないカンダハール郊外と定めました。都市部には国際援助が集中しているのですが、地方はほとんど置き去りにされており、とりわけ南部のカンダハール州（人口約二一〇万人）はアフガニスタン第二の都市でありながら総合病院はたったの一つ、ほかに病院一軒、診療所七軒で、医師は二一二人、一万人に一人という状態だったのです。

二〇〇二年六月、アフガニスタン政府から許可がおり、七月六日から約二週間スタッフの研修、二〇日から間借りの診療所でしたが、さっそく診療を開始することになりました。スタッフは事務長、男性医師一名、男性看護師一名、検査技師、薬剤師、事務員、用務員、警備員ら総勢一三名。診療は、市内の診療所で週三日、残りの二日は難民キャンプ（三カ所）と二カ所の村をまわって診療を行うという計画です。診療費は無料、スタッフの給料や医薬品は日本の「カレーズの会」の会費と募金をもって充てるという予定です。現地では新聞、ラジオ、テレビなどを使って伝えていき、おかげで一日三〇～四〇人の患者さんが診療所の庭に並ぶようになりました。

と、ここまではたいへんスムーズに運んだのですが、あまりにも順調に進みすぎたことで、さっそく難題が生じてきました。開設一カ月で約六百人の患者さんが訪れ、そのため、これまで「カレーズの会」が集めた資金では足りなくなってしまったのです。

そこで何か策を講じなければならない。私は、それまでも講演料などはすべて現地に送る資金にあてていたのですが、さらに毎週末ごと、請われるところはどこにでも出向き、アフガニスタンの実情を訴え、募金のお願いをしました。

しかし基本は「カレーズの会」を支えていただく会員を増やすことです。そこで、会として、ニュースレターを発行することにしました。創刊は二〇〇二年一二月一日、会報の名は『カレーズ』、A４版八ページ建ての手作りのこのニュースレターは、製作から発送まですべて会員のボラ

『カレーズ』には毎号、現地アフガニスタンからの報告が載っている。

ンティアで担われ、年間三回発行を原則に、今日までとぎれることなく続いています。

アフガニスタンの医学生に医学書を

静岡に次いで二〇〇二年七月、カレーズの会「関西支部」が発足しました。この会はもともと「阪神・淡路大地震の復興を助けよう」ということでスタートしたのですが、震災から一定期間が過ぎ、現地の状況も落ち着き始めたことから、次なる役割を模索していたところでした。その会が、たまたま私を講演に呼んでくれたことがきっかけで、会の何人かが中心になって、カレーズの会「関西支部」を立ち上げてくれたのでした。

関西支部では、この年の五月、カーブル大学を視察した江原柏陽先生（小児科医）が、医学書が不足していて、学生たちが一冊の本をまわし読みしている現実を知り、さっそくアフガニスタンの医学生に医学書を送ろうと、日本の医療機関に死蔵されている英文の医学書を寄贈するよう呼びかけてくれました。集まった医学書は雑誌も含めて約二〇〇〇冊。輸送はＪＩＣＡ（国際協力機構）の協力を得て、さっそく現地に届けられることになりました。

このほか、すべての子どもたちが読み書きができるようにと、教育支援の一環として「絵本を現地へ送る」活動（日本の絵本の翻訳は著作権の関係でかなわず、アフガニスタンの物語をもとに作成）、母子手帳の普及の検討、さらに語学のできるスタッフを中心に「アフガン語、日本語、英語医療辞典」の作成に着手しました。

アフガン国内では約三千と言われるＮＧＯや国際支援団体が活動していたのですが、現地の言葉を十分理解できないことから、せっかくの援助（技術）を生かしきれていないという実情がありました。「アフガン語、日本語、英語」の医療辞典は、完成したあかつきには、現地の医学生、医療従事者らに無料で配布し、日常の診療に役立てていただこうというものです。

はじめての現地視察（02年12月〜）

こうした活動が始まって半年、実際に現地の実情を視察するために、私たちがアフガニスタンに向かったのは二〇〇二年の年末、一二月二五日から翌〇三年一月六日にかけてでした。カレーズの会副理事長の小野田氏や関西支部の江原先生ら五名のほか、テレビ局のスタッフ二人が加わっての旅でした。

私は、まず日本大使館、保健省、国際関係局、WHOやカルザイ大統領を訪問。さらにパキスタンのクエッタから陸路でカンダハール入りした他のメンバーと合流してカンダハール大学や病院、結核診療所、小学校などを視察したのち、現地の診療チームといっしょに「カレーズの会」の診療所と難民キャンプで合同の診療活動を行いました。

しかし目の前に広がる実情は、われわれの想像を超えたものでした。以下、視察に参加した方々の報告から、それを読みとっていただけたらと思います。

《……これは人間の生活ではない。酷すぎる。カンダハールに立って最初に抱いた印象である。パキスタンのクエッタから車に乗って走ること八時間余で、アフガニスタンのカンダハールに着いた。「カレーズの会」が昨年七月に開設した診療所には、朝早くから多くの患者さんが診察を待っていた。目につくのは女性と小さな子どもである。子どもの手にはアフガニーのお金が握られている。薬さえあれば、予防接種さえ受けられていれば、こんなに苦しまなくてもすまされると思うと、涙を止めることができなかった。

この悲惨な現実をどう受け止めたらいいのか、答えを見つけることができない。二三年間の戦

難民キャンプ。つぎはぎだらけのテント。らくだも見える。

土と砂と岩、緑一つない砂漠の中の難民キャンプ。〔撮影・上も〕長谷川昌代

争状態や内戦により、平均寿命が四〇歳というアフガニスタンにおいては、国民の半数がいまの生活しか知らないのである。……以下略》

（副理事長／小野田全宏『カレーズ』第2号／03年4月1日発行、以下同）

《おたふく風邪やジフテリヤ、そんな病気で子どもたちが毎日のように死んでゆく。ユニセフの募金ポスターに使われるような慢性的な栄養失調により、足が骨と皮だけになった子どもを抱いた親が、はるばる日本から来た医者に診てもらいたいと言って連れて来る。テントの中で記録をとっていた小野田さんはボロボロ涙を流している。医師の江原さんは「無力感ですね。私には救えない……」。診療の後、レシャードさんは、「この冬を越せない人は何人も出るだろうな」とつぶやいた。この子どもたちに何の罪があるのだろう。「正義の戦争」などあるはずがない。いつも新たな悲しみを作り出すのが「戦争」なのだ。……以下略》

（会員／山梨通夫）

《六六時間の長旅でようやくカンダハールにたどり着いたと思ったら、いきなり翌日から診察するように言われ、慌てて停電する暗闇の中で、ろうそくを灯しながら持参した医薬品の翻訳をするはめとなった。

異国での診察には、いくつか乗り越えるべきハードルが待ち受けている。言葉が分からない、蔓延している疾病の種類が不明、処方できる薬品の一覧表もない等など。ましてやブルカを被る女性患者の表情が読み取れないとなると、四重苦に苛《さいな》まれることになる。それでも通訳の医学生

難民キャンプの子どもたち。〔撮影〕長谷川昌代

診療の順番を待つ人々。訪れる患者の6割以上は女性だ。

を介して、とにかく診療所で診察を開始した。

一人目の患者は、難聴といくつかの小奇形を伴う男児。外国の医者ならどうにかしてくれるだろうと懇願されても、成《な》す術などあろうはずもなく、「しばらく様子をみてみましょう」とお茶を濁すしかなかった。そのほか、冬場特有の感染性胃腸炎が多く、それに戦乱のストレスによる胃潰瘍、過労による背部痛など、さながら心身症外来を診ている思いである。言葉がわからないが、それでも人々の疲弊しきった悲痛な叫びを十分に感じ取ることができた。

一方、難民キャンプには、悪路を二時間かけてようやくたどり着いた。すでに大勢の子どもたちが待ちわびており、小生の手に跪《ひざまず》いて接吻してくれた時には、嗚咽《おえつ》を禁じえないほどであった。だが、感傷に浸るのもつかの間、すぐにその惨状を思い知らされることとなる。

ぼろ布に覆われたテントは寒さをしのげるはずもなく、それでも少年たちは裸足のまま、歯をガチガチ震わせながら診療を終えたのち、Vサインをしてくれた。二歳になっても栄養失調で立てない幼児、姉をおたふく風邪で亡くした少女、ジフテリアの高熱でぐったりしている坊や……、日本なら重症の病人を運ぶ輸送手段、入院できる病床の確保など、当然思い浮かぶ段取りがここではただ病人の両手を握って、思いを馳せていると伝えるのが精いっぱいの「医療」となる。そして、まもなく薬品も切れ、後続の患者の目が一斉に期待から失望に変わってゆくのを、背中で受け止めるしかなかった。帰りの夜道で仰ぎ見た星空の美しさだけがせめてもの救いだろうか。

今の診療体制では、断じて患者のニーズに応えているとは言いがたく、改善すべき点も多々残されている。公衆衛生の観点も含めて、現地のスタッフと密に連携を取って、真剣に討議しなければいけない時期にきている。そして、人々が自立できるまで、われわれ一人ひとりが身近にできる可能な支援を継続していくことこそ、カレーズの真髄ではあるまいか。》（理事／江原柏陽）

この頃のアフガニスタンは、国際的支援も始まった時期で、復興、治安、生活環境など、もう少し成果が上がっているものと期待していたのですが、実際は難民の帰還による人口増加、また政府内においては部族間の派閥争いや官僚間の相互不信など混乱があり、一般市民の生活は依然きびしい状態が続いているようでした。

われわれの手で何か手助けしたいと意気込んでいた一行も、現地のあまりの惨状を目の前にして、これでは手も足も出ない、どうしようもないというあきらめムードが湧いたことも事実です。それでも現地での診療活動は、最小限のスタッフと資金によって順調に運営されており、それがせめてもの救いでした。

帰国後、副理事長の小野田さんから、「まず公衆衛生の専門家を育てることが大事ではないか。そのためにアフガニスタンの医師を静岡に招き、研修してもらおう。そうすれば、今後日本から現地に医療関係者を派遣した場合も、連携が密にいくのではないか」という提案を受け、さっそく受け入れ先を探したところ、社会福祉法人聖隷《せいれい》福祉事業団・聖隷三方原病院が快く引き受けてくれることになり、早ければ数カ月後、アフガニスタンからの研修生を招聘《しょうへい》できることになったのでした。

第一回スタディーツアー（03年2月〜3月）

年末のこの視察から学んだことは、とにかく実情を多くの人に見てもらいたいということでした。そこで、「カレーズの会」としてはじめての「第一回スタディーツアー in アフガニスタン」を企画しました。旅の日程は〇三年二月二四日から三月七日にかけて。参加者は医師、看護師、建築家、学生ら五名。前回同様、現地ではスタッフが一緒になって診療を行いましたが、以下は、その活動をともにした篠原幹男医師の報告です。

《土と砂と岩の大地。緑の木一つない砂漠のような大地。アフガンの難民キャンプはそんな中にあった。おびただしい数のテント群。その一角の一つのテントの中に薄いフトンを敷いた所が私たちの診療所だ。机も椅子も、もちろんベッドもない。聴診器、血圧計、体温計、舌圧子《ぜつあつし》、懐中電灯、これが武器の全て。そう、往診に行く時くらいの装備だ。

今回のツアーでは、難民キャンプで二回、村の診療所で一回、診療を行った。発熱、せき、腹

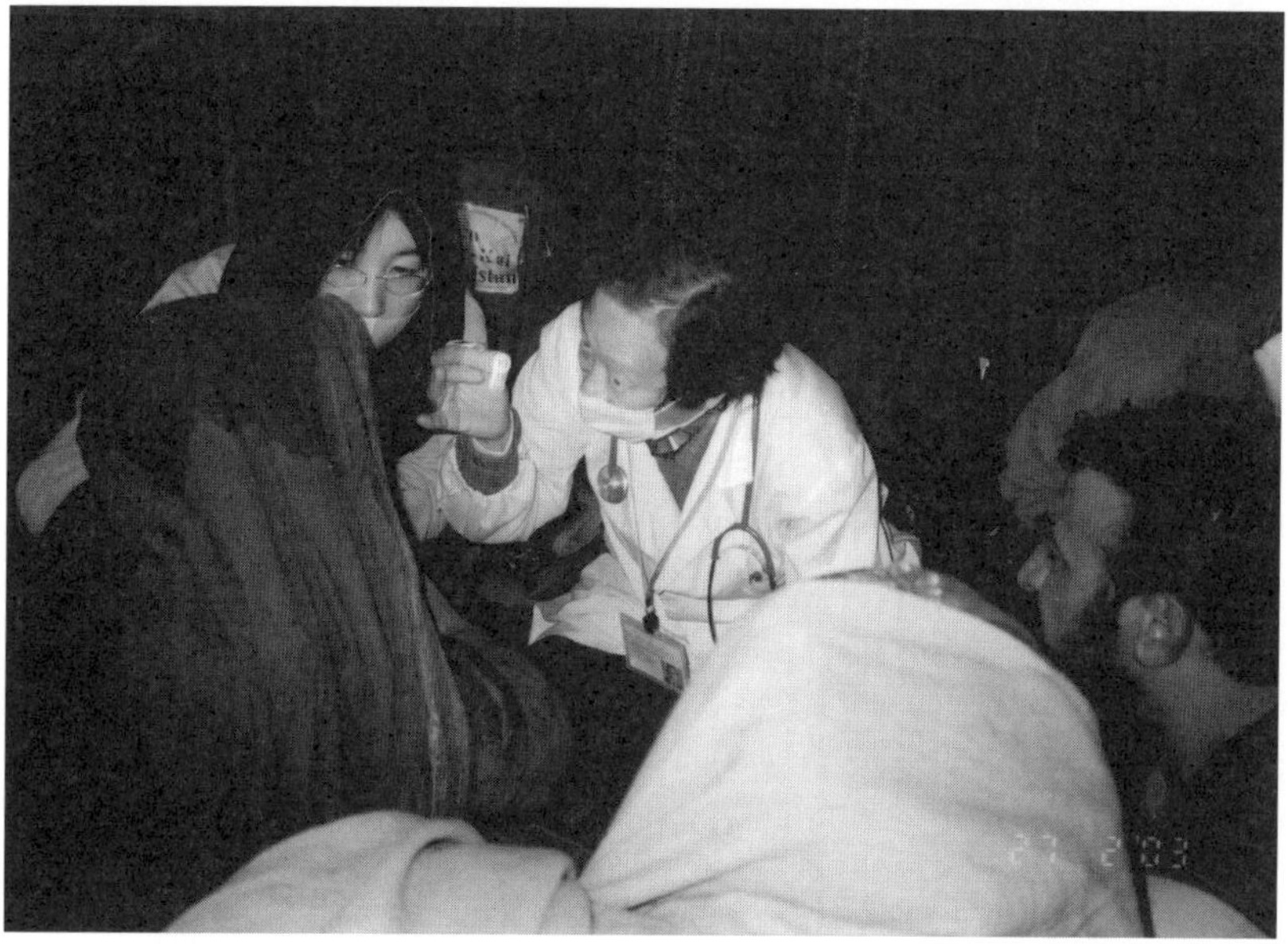

篠原医師の診療を受ける現地の患者たち。（カンダハール診療所にて）

痛、頭痛、腰痛、膝痛が多い……。ほとんどの人が複数のいろいろな症状を訴える。思っていたより皆症状が軽く、重症の感じの人はいなくて、まずほっとする。気候がおだやかな時期だからとのこと。

だけど、ここに来られた人はよいとして、重症で命にかかわるような人がどこかにいるんじゃないか。そのことがずっと頭から離れない。「アフガンへ行ったら重篤な人も診て、苦しむ人の手助けをしてやるんだ」と偉そうに思っていた。しかし、もしそういう人が来ても何ができるのか。点滴もないのでは脱水症の子ども一人の命も救えない。病院へ運ぶにしても、カンダハール市内唯一の総合病院のお粗末な設備を見せられると絶望的になってしまう。

患者さんは大勢押しかけて来る。皆自分の苦痛を訴えるのに必死だ。外国人の医者が来たからちょっと見てくるか、のような人はいない。女性患者の体に触るのが駄目なのは仕方ないとして、口の中を診るのを拒否された時はショックだった。女性医療者の育成が急務だと感じる。

診察して薬を処方する。症状をとるだけの薬である。私たちにできるのはそこまで。どこがどのように悪いのか、治るのか、良くなるにはどうしたらよいのか、通訳を通してでは説明できない。その時間もない。満足ゆく診察には患者さんとの直接会話が不可欠だ。現に、診《み》終わった人の顔に安堵感や笑顔が見られなかった。不安そうな顔は変わらなかった。満足は無理としても、ある程度納得してくれたか、来て良かったと思ってくれたか、医者としては大いに気になるところである。自己満足かもしれないが、良い方へ考えたい。

この地球上に生まれた全ての人が、生きる権利と、病苦から解放され、医療を受ける権利を持っており、このための恩恵は平等に与えられるべきだと思う。これは私の医療支援活動の原点である。……以下略》

（『カレーズ』第3号／03年7月20日発行）

診療活動を開始して七カ月、現地の医療事情は篠原先生の報告通り、依然厳しいものでしたが、しかしそんな中でも、現地の診療活動も順調に進んでおり、こののち、スタートして一年を迎える頃には診療所、並びに難民キャンプで治療を行った患者数は約一万二千人を数えるまでになったのでした。そんな中、現地の診療所事務長、ダウド・アハディさんから、次のような報告が私たちの元に届けられました。

現地の診療所から届いた便り（03年10月）

《ある日、いつもの通り難民キャンプに診療に行くと、老人の一人が前に出て来て、

「私たちは診療してもらわなくていい」

と言うのです。同行したスタッフは全員びっくりして、一体これはどういうことかと、その場に立ち尽くしてしまいました。頭の中にはいろいろな疑問が湧いてきます。われわれの医療活動が役に立たないと言うのだろうか……。すると突然、老人は私たちの驚いている意味がわかって話し始めました。

「悪い、悪い、そういう意味ではないのだ。昨夜一人の少年が急病になった。何の手当もできず、そのまま死んでしまうのではないかと皆で心配している。あの子を治療してくれるなら、私たちは今日はいい。あの子のために全力を注いでやってほしい」

なんだ、そういうことかとわかり、私たちが少年の治療に全力をあげたことはいうまでもありません。

数日後、再びそのキャンプを訪れると、病気のはずのその少年が飛び出してきて、私たちを迎えてくれました。そして涙を浮かべながら、感謝の言葉を伝えてくれました。まだ完治したわけでもないのに。よほどうれしかったのでしょう。

私がこの仕事に喜びを感じるのはこんな時です。日本の皆さまのご支援に心から感謝しています。どうぞこれからもアフガニスタンのことを忘れないで、ご支援をいただけるようお願い申し上げます。現地のわれわれも腕まくりをして頑張っていきたいと思います。……以下略》

（事務長／ダウド・アハディ『カレーズ』第4号／03年10月20日発行）

さらに、住民を直接診療しているビスミラー医師からもこんな便りが届きました。

ビスミラー医師は高校卒業の年、旧ソ連によるアフガニスタン侵攻が始まったことから大学進学をやめ、ムジャヒディンとしてソ連との聖戦に参加した人で、カンダハール大学に入学し、本格的に医学を学んだのは三三歳、ソ連崩壊後のことだといいます。

《「カレーズの会」の医師として現地診療所で働き始めて一年三カ月、週三日のクリニックでの診察や週二日の周辺の村や難民キャンプでの巡回診療に忙しい毎日を過してきました。おかげさまで一〇月現在、二万人を超える患者を診ることができました。最近は「カレーズの会」も広く知られるようになって、ずいぶん遠くから患者がやって来るようになり、外来患者数が非常に増

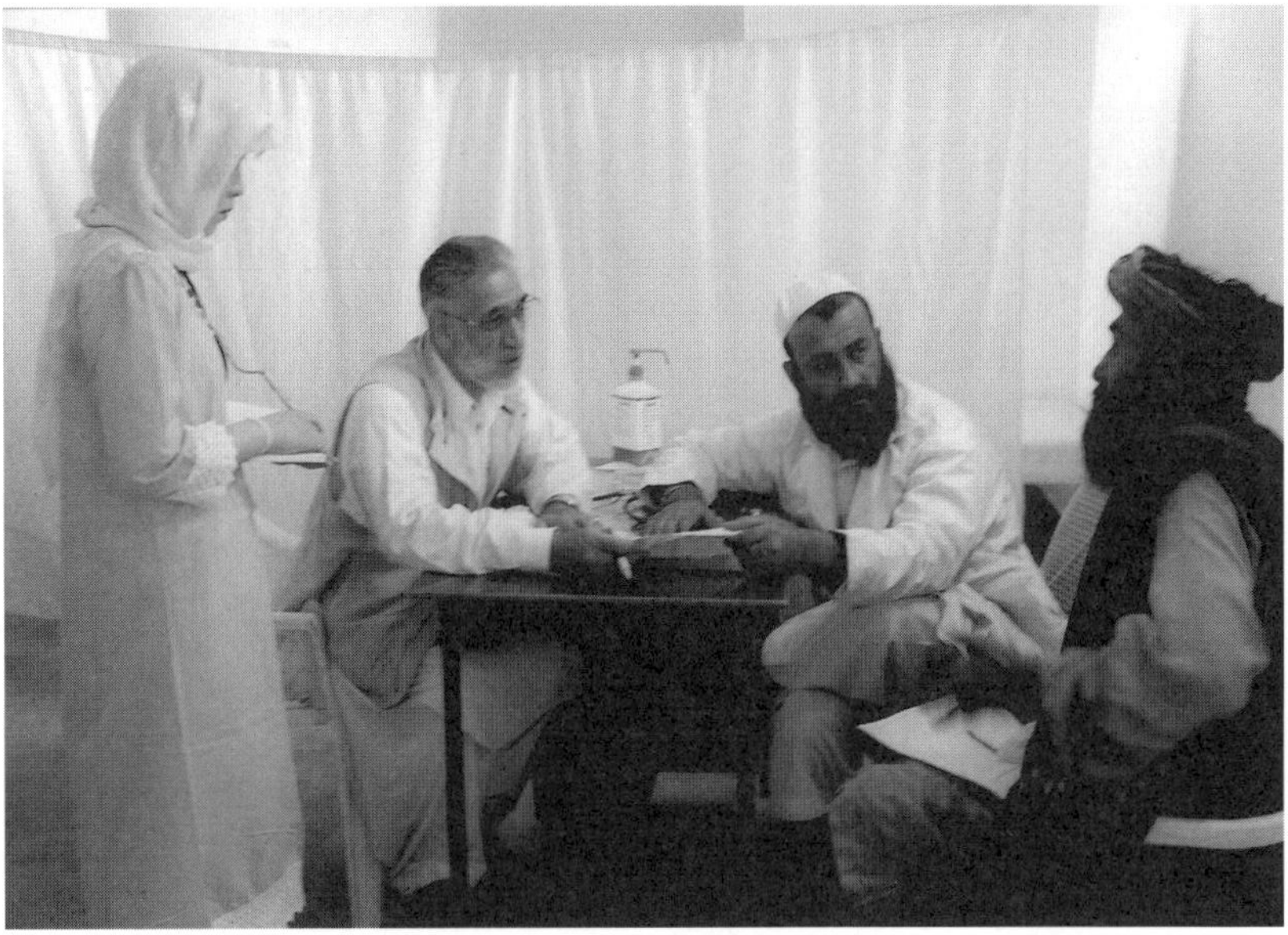

患者の症状に耳を傾けるビスミラー医師（右から二人目）と著者。

えてきたのは嬉しいことです。また、一度治療した患者が二度三度と同じ薬を求めて来ることもあり、そんな時には治療薬が効果的だったのがわかって勇気づけられます。

しかし残念に思うこともあります。アフガニスタンの文化・習慣で、女性患者は男性医師に自分の体調や病状を具体的にハッキリ話すことができず、また医師も女性患者に触診できない点です。正確な診断に立ってこそ的を射た治療ができるわけですから、これは患者にとってはもちろん、医師にとっても哀しいことであります。……略。

患者の数が増え、同時に様々な病気への対応が求められ、クリニックも今のままでは患者の要求に応えられなくなっています。課題として、施設内に超音波の設備、放射線科、そして検査室などが必要になっています。スタディーツアーで日本から来られる方々に、日本の医療技術を多方面で、カンダハールの多くの医療者に講義し、指導をしていただけたらどんなに大きく役立つことだろうと考えます。日本の皆様の今までのご支援に心から感謝し、今後も変わらぬお力添えによって、このような課題がひとつずつ実現することを期待しております。》

（医師・ビスミラー『カレーズ』第5号／04年1月20日発行）

コンテナに積んだ医療支援品（03年9月）

ビスミラー医師の報告の中にも、先にご紹介した江原先生や篠原先生の報告の中にも触れられていたことに、アフガニスタンでは「男性医師が女性患者を触診できない」という問題があります。

女性が具合が悪くなった時、女医さんがいればいいのですが、そうでない時は、例えば、看護師に聴診器を当ててもらって、離れたところで男性医師がその音を聴いて、診断を下さなければなりません。そのため、私はアフガニスタンに行く時は、ひげを伸ばし、大きな白いひげをたくわえて行くことにしています。そうすると、多少おじいさん医師に見えるのか、女性もブルカを脱いで顔を見せてくれます。

しかし、そんなことはまれで、一般的にはまだまだ人々は保守的で、特に虫垂炎（盲腸）などの時は、痛い痛いで病院に運ばれて有無を言わさず緊急手術されたという時は別として、事前に、虫垂炎の手術というのは肌をあらわにしてお腹を切られることだとわかると、自分の妻がそういうところまで他人に見られるのは耐えられない、そんなことをされるくらいなら死んだ方がましだと、手術を拒む夫だって少なくないのが現実なのです。これは、アフガニスタンで未だに解決できていない大きな問題といえましょう。

一方もう一つ、ビスミラー医師が現地の患者の要求に応えるために超音波の設備、放射線科、そして検査室などが必要だと訴えていたことですが、私たちは〇三年九月、二つの大きな支援品をコンテナに積み込むことができました。

一つは、簡易式レントゲン装置を搭載した巡回医療車です。これは、「カレーズの会」が現地で行っている活動が認められ、ＮＧＯが実施する草の根レベルの事業を幅広く支援しているＪＩＣＡの「草の根支援無償プロジェクト」の助成を受けて実現したもので、これによって、医療援助が行き届かない地方の住民への巡回医療活動が可能になるはずです。

そしてもう一つは、「光触媒」による殺菌効果のあるチップを利用した長期保存浄水タンクの寄贈です。

これは、静岡県駿東郡にあるケイ・アンド・エムエレクトロニクス株式会社から提供していただいたもので、水の入ったタンクに光触媒チップを入れ、約五時間そのまま置くと、水道水や井戸水の中の大腸菌やO－157、コレラ菌等が分解・殺菌され、安全な飲料水として七年間保存が可能になるというものです。

アフガニスタンでは清潔な飲料水を飲める人口は一三パーセントにすぎず、飲料水に大腸菌などが多く含まれているため、下痢、赤痢など様々な感染症が発症しているのが現実です。それだけに、この光触媒チップは、国民の健康を守る安全な飲料水確保に必ず一役買ってくれることでしょう。

コンテナには、この二種に加え、会員及び一般、医療関係者の皆さんからお寄せいただいた医療支援品も併せて積み込み、九月中旬、横浜港からパキスタン・カラチ港に向けて出航しました。

アフガニスタンからの医療研修生を迎える（03年9月）

この同じ時期（03年9月）、「カレーズの会」では、アフガニスタンからの医療研修生として、マムン・タヒリさんを迎えることができました。これは、私たちが初めて現地を視察に訪れた時、アフガニスタンの復興はアフガニスタン人自身の手によってこそ実現されるべきものだという観点から、カンダハール大学の学長に、若い医師の日本での研修を申し出ると同時に、副理事長の小野田さんからも強く提案されていたことで、国内では受け入れ研修先を模索してきていたものです。その努力が実を結び、ＪＩＣＡ（国際協力機構）の招聘事業として、タヒリさんの来日が実現したのです。

タヒリさんはＪＩＣＡ中部国際センターで約一カ月間、日本語の研修を受けたのち、一年間の予定で聖隷三方原病院をはじめ、国立保健医療科学院、国立国際医療センター、結核研究所などで研修する予定です。「カレーズの会」では、タヒリさんの日本滞在期間中、特に年末年始にかけて、ホームステイを受け入れてくれるホストファミリーを『カレーズ』の紙面を通じて募集し、彼の研修を支えることにしました。

この頃、届いた現地コーディネーター、レシャード・シェルシャーからの報告。

■〇三年一〇月一八日現在、診療患者数は二万六〇二人に上りました。

■一〇月現在の職員数は一八名。女性医師も加わりました。なお今後、ワクチン注射女性技師、レントゲン技師の補充をしていきます。

■教育面において、三カ所の青空教室（五教室で生徒数二一二人）にテント、敷物、黒板を設置し、教科書の提供を行いました。また月々ノート、ペン、鉛筆などの支援も行っています。

■ＪＩＣＡの「草の根支援無償プロジェクト」の助成で簡易式レントゲンと発電機を搭載した巡回医療車が現地診療所に到着。カンダハール州保健、教育省や国連関係機関の関係者ら二

現地に届いた光触媒チップの引き渡しと説明。

日本から届いた医学書。

〇名を集めて受渡式が行われました。……以下略。

（『カレーズ』第5号／04年1月20日）

青空教室に二百人の子どもたち（03年10月～）

診療所を立ち上げて一年三カ月、診療患者数は二万六〇二人を数えました。女性医師も加わって職員は全部で一八名です。

一方、医療活動と並行して、「カレーズの会」のもう一つの目標は、子どもたちの教育面での援助でした。まず手はじめは三カ所の青空教室ですが、二一二人の子どもたちが学ぶ場を確保することができました。現地では、スタート当初から教育担当の責任者を置き、条件整備に力を注いできたのですが、以下は、その教育責任者ムハマド・サデクさんからの報告です。

《カレーズの会の現地教育担当として、〇二年七月から働き始めました。現地診療所を開設してから患者を無料で診療し、同時に村や難民キャンプの子どもたちのために勉強の環境を作る活動をしました。これまで学校へ全然通っていない子の親に勉強の大切さを説明した時に、親は子どもの勉強道具を買えないから恥ずかしいと、非常に心配しました。その心配を感じたので、われわれが勉強道具を無料で生徒みんなに支援することを伝えました。その結果、だんだん自分の子どもたちを学校へ通わせてくれるようになりました。

テントを張っただけの難民キャンプの教室。夏は日中、45度の気温になる。

テントの中に子どもたちの明るい顔が見える。

カンダハールの砂漠に近い村や難民キャンプでは、夏は約四五度の気温となり、屋根のない青空教室はものすごく大変です。そこでいろいろ手を尽くした結果、やっとＷＦＰ（世界食料機構）の支援で数個のテントをいただき、黒板を注文して、青いビニールの敷物、教科書、ノート、鉛筆、消しゴム、鉛筆削り、ボールペン、出席表などを用意することができました。

最初の教室が〇三年二月頃、ダクバド村（カンダハール市の中心地から約67キロ）にできて、心優しい村人たちが古いモスクの二部屋を貸してくれました。二六人の生徒に村の協力者である講師が一人。冬の時期で干ばつが続いていたのですが、学校の初日の前夜に珍しく雨が降ってきました。生徒の父親はほとんど農民ですが、当日はそのモスクに皆が集まってくれて、雨に驚き、「神様もこの日を祝福してくださっている」と言いました。……略。

アフガニスタンは暑い所や寒い所によって学期が異なり、たとえばカンダハールは暑い所なので、第一学期が八月二〇日から、カーブルは寒い所なので、第一学期が三月二二日からと、それぞれ地域によって大きく異なります。週六回授業があり、金曜はお休みです。

科目は国語（アフガン語）、算数、神学（宗教の基礎）、習字（細い竹と墨で書く）、読書、スポーツです。週二回二時間ずつ生徒たちは公衆衛生の授業も受けます。その中に飲料水の使い方、体をきれいにすること、自分で勝手に薬を飲まないこと、果物や野菜を食べる前に塩で消毒すること、自宅に帰ったら家族の皆にそれを教えてあげることなどです。

青空教室に行ける子どもはそれでもまだ幸せだ。（カレーズの会教室にて）

地面に座って授業を受ける女子生徒たち（小学校）。

生徒の学齢はさまざまです。例えば、ダグバド村の学校には同じ教室に七歳から一四歳の生徒がいます。ほとんどの生徒が畑で父親の仕事を手伝っていますので、親の願いを受けて、例えば、ぶどうやザクロを収穫する時期には、授業が朝五時から八時までになることもあります。

日本の支援は、特に教育面では大変ありがたいことです。できることなら村や難民キャンプでは学校を、カンダハール市内では工業専門学校を日本の支援で作っていただき、将来は日本の工業学校との連携や交流があれば、アフガンの若い世代の質の向上に大変役に立つと思います。……以下略》

（教育担当／ムハマド・サデク『カレーズ』第6号／04年4月20日発行）

村の学校に女子生徒がやってきた！（04年3月〜）

診療活動開始からまる二年、診療所を訪れる患者さんたちの数は日を追うごとに増え、私たちの努力が無駄でなかったことを実感する日々でした。現地コーディネーターのレシャード・シェルシャーが次のように報告しています。

《二〇〇二年七月の診療所開設から本年（04年）三月八日現在まで、クリニックでの患者数は二万七四七一人にのぼります。一日平均二百人くらいの患者さんが来院しています。開設当初は来院する全ての患者さんを診ることができず、何時間も待たせた挙句、やむを得ず帰宅してもらう方が多数出ました。そんな状況を少しでも解消するため、最近は毎朝来院された方に番号札を配り、番号順に診療をしています。早い方は、早朝六時くらいからクリニックが開くのを待っています。また、前泊で遠方から来院する患者さんもいます。

カンダハール州があるアフガニスタン南部は砂漠気候です。そのため、冬は昼夜の寒暖の差が激しく、体調管理が難しいこの時期は、風邪・せき・熱などの症状の方が多くみられます。特にまだ抵抗力の弱い子どもの来院が多くみられます。重症患者は、自分の力で遠く離れた村や難民キャンプから通院することもままならず、私たちが行っている巡回医療活動を心待ちにしています。

しかし、長引く治安の悪化で私たちのようなＮＧＯの現地職員ですら、郊外への移動については政府から制限が出ています。現地職員は、一日も早い巡回医療活動の再開を祈ってやみません。

……以下略》（『カレーズ』第6号／04年4月20日発行）

やっと始まった巡回医療活動は、治安の悪化の中、中断せざるを得なくなっていると言うのです。さらに、〇四年五月の報告。

《クリニック開設から現在（04年5月30日）まで患者数は三万三三八〇人に上り、五月一カ月の患者数は二三〇五人でした。患者の男女比は女性が六六％、男性三四％で、依然として女性患者

村では珍しく、教室に女の子が４人やってきた！（サンザリ村のテント教室）

が多数を占めています。昨年一一月から女医のサリマ先生が診察にあたり、これまで男性医師には訴えられなかった女性特有の病気による悩みなども同性であるため、言いやすいようです。改めて女性医療の必要性を感じています。

女性の問題という点では、教育面でもうれしいニュースがあります。本会で開いている教室は現在五つ、二一〇名の生徒が学んでいるのですが、サンザリ村の教室に女生徒が四人増えたのです。これまで女生徒は一人もいませんでした。町の学校には女生徒はいますが、村では大変珍しいことです。

現在、生徒たちは、テントや村の建物の一角などで勉強していますが、小学校建設の計画が持ち上がっています。一カ所は市内に女学校を、二カ所は地方に計画しています。少しずつですが、着実に復興に向けて歩み出しています。

医療面では、昨年一一月、日本の外務省からの支援でレントゲン機器が導入され、今年三月から、研修を終えたレントゲン技師のザルマイさんが撮影に当たっています。アフガニスタンの一般病院でのレントゲン料金は二百アフガニ（約五六〇円）ですが、クリニックではこの半額の料金で撮影しています。また昨年二月、日本の東海大学短期大学部より寄付された顕微鏡の活躍で、血液検査、尿・便検査、喀痰《かくたん》検査ができるようになりました。

ただ、一つ問題があります。月初めに薬を一カ月分購入しますが、いつも月末になると足りなくなってしまうのです。それを患者が知っているためか、月末になると患者が減ってしまうのです。さらに予算を増やす必要がありますので、今後も引き続きご支援を皆様にお願いしたいと思います。》

（『カレーズ』第7号／04年7月20日発行）

「一番大切なものはいのちです」（04年4月）

アフガニスタンの学校は原則として男女別々です。その傾向は地方においてより強いのですが、その学校に、女生徒が四人も通ってきてくれているという、うれしい便りでした。

二〇〇四年、「カレーズの会」では一般から参加者を募集し、第二回のスタディーツアーを実施しました。当初、（前年の）一二月に行う予定だったのですが、治安の悪化が懸念され、ほぼ五カ月遅れの四月三〇日から五月一〇日にかけての旅となりました。

参加したのは医師、看護師、元保健婦・助産婦、公務員、団体職員、「カレーズの会」事務局スタッフら計八名。今回はレシャード医院のスタッフで放射線技師の藤岡伸司氏が参加してくれたことから、現地で直接レントゲン技術の指導も行われました。さらに、これまでと同様、多くの患者さんが待ち受ける診療所で現地のスタッフたちといっしょに診療活動をし、「カレーズの会」が運営しているテント学校も視察しました。

麦の緑があふれるサンザリ村の自然の中で（一部にケシの花畑）子どもたちがイキイキと学んでいる姿に、逆に励まされた私たちでしたが、そのあと訪れた遊牧民の村では、悲惨な環境に加え、水や食料が乏しく、多くの子どもやお産後の母親が栄養不足で、出産後の感染症に苦しんでいる姿に涙を止めることができませんでした。

カンダハール病院や結核診療所でも設備やスタッフ不足に加えて、予算不足の悲鳴が上がっていました。看護学校や学校教師養成学校では教師不足を嘆いていました。

一方、訪問したカンダハールの小学校では、地雷で足をなくした子どもたちも含め、六千名が数キロの道のりを歩いて通学しています。この学校は小・中・高校生が学んでおり、定員三千名

ムハマド村の風景。砂漠の土を使って造った家。遠くにはテントの家も見える。

第２回スタディーツアー in　アフガニスタン

――2004年４月30日～５月10日

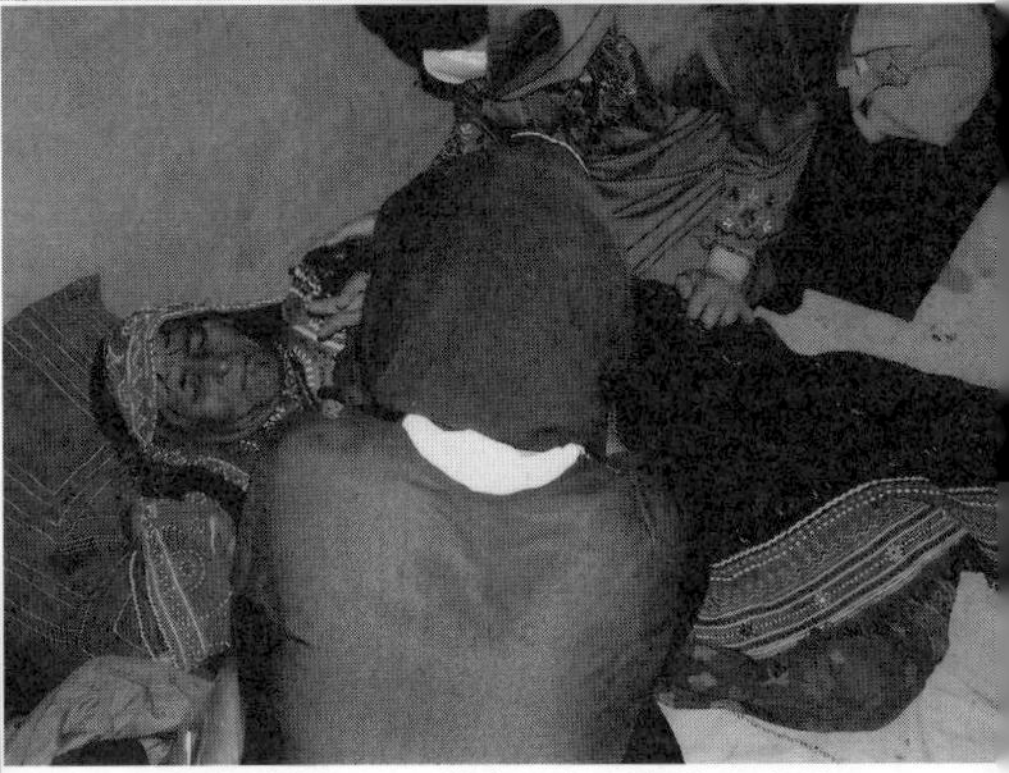

腹痛が激しく、苦痛そうな高齢の女性。（ムハマド村で）

皮膚病の子どもを診る山口医師。帰りかけた頃、そっと現われたという。（ムハマド村で）

クリニックで診察の順番を待つ女性の待合室。

カンダハールの教員養成学校へ日本から持参した顕微鏡を渡す。左がカンダハール州教育長、その隣が教員養成学校校長。右端が著者。

ツアー最終日、現地スタッフが持ち寄ってくれた家庭料理で豪華な晩餐会。

規模の学校なのですが、倍の生徒を抱え、授業も数回に分けて行っているとのこと。生徒数に対して教室が足りず、地面に敷物一枚で座り、机もイスも黒板もなく、粗末な板を黒っぽく塗ったところに先生がチョークで書いて説明しています。ツアー参加者の一人成沢克彦さんは、その子どもたちとの出会いに触れて、感想を、次のように結んでいました。

《「……「いま一番大切なものは?」という私たちの質問に、「いのちです」と答えていました。この言葉に、アフガンの子どもたちの重い現実を改めて知らされました。》

（成沢克彦／「第二回スタディーツアー報告書」より）

先生のマントの下の子どもたち（04年12月〜）

二〇〇四年一一月、はじめての大統領選挙があり、カルザイ氏が大統領に選出されましたが、組閣が発表されたのはその一カ月以上経過した後、それも二度三度と発表が遅れたのは、この国の部族間のバランスの難しさと政治的混乱を意味していました。現地の治安はいっこうに改善される様子はなかったのですが、私たちは引き続き〇四年一二月二七日から〇五年一月七日にかけて、第三回のスタディーツアーを実施しました。

この年の暮れ、私は父を亡くしたため、年末二度にわたってのアフガニスタン行きとなってしまったのですが、スタディーツアーのメンバーと訪れた冬のアフガニスタンは、数日間降り続ける大雪や大雨のために予定の日程もままならないほど悪天候続きでした。その旅の様子を、北村こず江さんが次のように報告してくれています。

《風の強い寒い朝だった。ゲストハウスを八時前に出発し、マンジャ村へ向かった。そこはカレーズの会が学校建設を予定している村である（後述）。カーブルに続く道からいきなり脇道に入り三〇分、砂漠の中に土でできた丸い屋根がポコッ、ポコッと見えてきた。村らしく集落はあるものの、周囲には枯れ木すらない。

現在ある小学校の前には一五人くらいの男の子が集まっていた。しかし学校には鍵がかかっており、先生はまだ来ていない。生徒がこの寒い中待っているのに、遅れて来るとは何という先生なのかと半分怒りを覚えた私が、五分後には自分の無知と短慮を知るハメとなった。

先生が到着した時、先生のマントの下から六、七歳のかわいい男子生徒がゾロゾロ出てきたのだ。こんな風が強く寒い日は小さい子は学校に来たがらない。そこで、先生が一軒一軒家を回って学校に行こうと声をかけ、自分のマントの中に入れて連れてきたのだった。

いまの日本にこんな教師がいるだろうか。……中略。この子どもたちが大人に成長しても今朝のマントの暖かさは一生忘れないだろう。そしてこの中の誰かが将来、教師になった時、きっと同じことを自分の生徒にもしてあげるだろう。

ストーブも電気もない教室で、子どもたちが覚えたての数字やアルファベットを黒板に書いてくれた。少し恥ずかしそうにしていたが、その瞳は輝いていた。》

（『カレーズ』第9号／05年2月20日発行）

北村こず江さんは看護師。以下、帰国後の感想文集から、その彼女のレポートと、今回初めて父の祖国を訪れたわが家の次女、レシャード・真す美の感想を紹介して、第三回スタディーツアーの様子を伝えましょう。

【訪問記①】カンダハールクリニックにて

《二〇〇五年一月一日午前八時。私の新年はカンダハールクリニックから始まりました。待合室はすでに多くの患者さんでいっぱいです。まずは二つある診察室です。机一つ、椅子が二つ、診察台が一つあるだけです。診察道具は聴診器と血圧計と体温計のみ。一体全体この中でどうやって診察をし、診断を下し、処方箋を書くというのでしょうか。

レシャード先生の診察方法はこうです。まず患者さんと、真正面に向き合って座ります。そして患者さんの訴えを、目を見ながら最後まで聞きます。途中で口を挟むことは、絶対にしません。

その間に、目の動き、顔の色や皮膚の状態、発汗の有無を観察します。

次に問診をしながら、触診を始めます。貧血の有無、甲状腺やリンパ腺の肥大を自分の手でしっかり触ります。扁桃腺や耳の中も、ペンライトで確認します。そして聴診。聴診器をあてる前は、必ず自分の手で聴診器の冷たさを確認し、洋服でこすったり、手で暖めてから始めます。

もう一つ、先生には診察に必要な〝武器〟があります。それは「白髪のヒゲ」です。アフガンは宗教上、女性は外出時に必ず「ブルカ」をかぶらなければなりません。たとえ医者であっても、男性に顔を見せることは許されていないのです。しかし「白髪のヒゲ」は「おじいさん先生」となるので、ブルカを上げてくれます。これは診断をくだす時にとても重要なことなのです。他の二人のドクターはヒゲが黒々としているために、ブルカを上げてはくれません。聴診器を直接肌にあてることも難しく、私が聴診器をあて、先生が聴くという具合です。

しかし、それでも診断しなければなりません。すべてが医者の知識と観察力によるものです。何十年か前の日本もそうでした。今のように、医者は机の上のパソコンに向かい、患者の顔を見ようともしない、そんな診察ではありませんでした。

そこには「聞く、見る、聴く、触る」という本来の診察の姿がありました。医者が病気を診るのでなく、人が人を診ているのです。患者さんは、まず自分の訴えを全部聞いてもらえることで安心感を覚え、医者への信頼感が生まれてくるのです。

三日前に夫と共に来院した女性は、一年半前からうつを患っていました。インドやパキスタンの病院に通い、高い薬も飲みました。しかし、全く治らず、先生を頼って来たのです。先生はじっくり夫の話を聞き、奥さんともきちんと向き合い、ゆっくりと話をしました。その時の奥さんに表情はなく、目もうつろでした。でも今日は二人とも笑っているのです。奥さんの少しはにかんだ笑顔はチャーミングで、その笑顔を見つめている夫の目は、嬉し涙でうるんでいたのです。

「よく効く薬をありがとう」

と、何回も何回もお礼を言って帰って行きました。先生はおっしゃいました。

「たいした薬は出していない。これこそ患者と医者の信頼関係があったからこそ、できたことなんだよ」

そんな中、一人の少女が母親に連れられて入って来ました。少し足を引きずって歩く少女は八、九歳に見えました。目はうつろで声もろくに出ません。診察の結果、一二歳の少女は栄養失調と脱水症、それに脚気も患っていました。先生はすぐ点滴を指示しましたが、クリニックにはありません。町のバザールの薬局で点滴セットも含めて、一式買ってこなければならないのです。母親が言いました。

「そんなお金はありません」

先生は、往復の車代と薬代を母親に渡しました。戻って来た少女に針を刺そうとした時です。ポッキーのような腕を見た私の目は涙で曇ってしまいました。ツアーの事前研修会の時、先生に言われました。

「働いている子どもや病気の子どもを見て、同情はしないでほしい。それが現実なのだから」と。

点滴が終わる頃には意識もはっきりして、声も出るようになっていました。帰って行く後ろ姿に、先生は、

「あの子は働きすぎだ。元気になれば、また働かなくてはならない。だから今できることを精いっぱいやるしかないんだ。それに、あの子はまだ元気な病人だ。クリニックまで歩いて来たのだから。本当に救いを求めているのは、家で寝たきりになっている病人たちなんだよ」

あの少女がこの先、元気で生きていけますようにと、祈ることしかできない私がいました。

最後に、第二回のツアーの想い出を先生が読んだ詩です。

「人混みの中に救主よりも無力な医者の亡霊かな」（診察室）》

（北村こず江／「第３回スタディーツアー in アフガニスタン」感想文集より）

電気も暖房もない教室だが、子どもたちは勉強したいという意欲をしっかりと持っている。

【訪問記②】私にできること

《今回、私にとっては初めてのアフガニスタンへの旅でした。まず率直に感じた印象は、戦争の爪痕があまりにも生々しく残っていることでした。危険であるとか無残であるとか聞かされていても実際に自分の目で見るまでは、映像の世界のようであり、実感できるものではない気がしていました。しかし、空爆で空いた大きな穴や、崩壊した建物、戦争によるＰＴＳＤの患者さんたちを目の前にした時、どうしようもなく悲しくなりました。

今回のスタディーツアーで、私はカメラとビデオを持ち、記録する役割をしましたが、本当にショッキングな現場に立ち会うと、シャッター

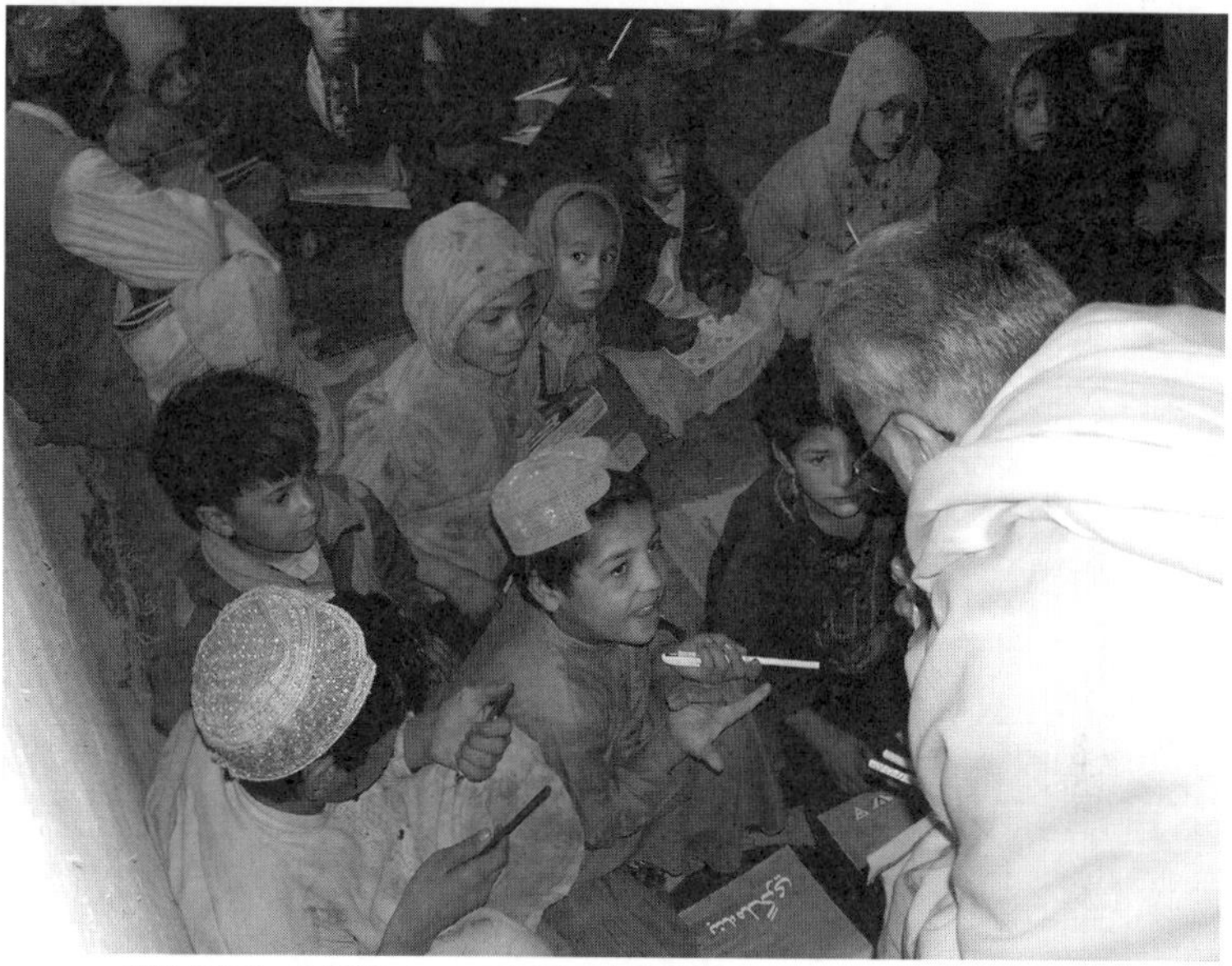

「僕は将来、医者になって病気の人を助けたい！」と言う子どもがたくさんいる。

を押すことすらできず、呆然とその光景を眺めているのが精いっぱいでした。

日本をたつ前に思っていたことがあります。

「泣いてはいけない」

「同情してはいけない」

しかし、この旅で私は何度か泣いてしまいました。診察中に一二歳の栄養失調の少女をビデオ撮影していた時でした。表情が無く、手足は幼児のように細い少女を立たせようと、先生が支えた手を離した瞬間、フラついて倒れそうになった少女の顔。私はビデオを構えたまま堪えられなくて泣きました。

アフガニスタンの現状で一番目についたのは、貧富の差の激しさでした。裕福そうな大きな家に夕食に招かれた私たちはその翌日、難民キャンプから診察に訪れた貧しい患者さんたちを見ました。日本に住む私たちにとっては、戸惑うほどの不公平さに思えました。

感動の涙も何度か流しました。ありがちな表現ですが、子どもたちの生命力溢れる目と笑顔には、幾度となく感動させられ、私は夢中になって写真を撮りました。

私たちは、小さな村の小さな学校を視察に行きました。子どもたちは、電気も暖房もない部屋に居たけれど、勉強したいという意欲をしっかりと持ち、純粋にこの国を支えようとしているように見えました。

六千人の生徒を持つ大きな学校にも行きました。校舎は大きいが教室が足りず、テントを教室代わりにしたクラスが大半で、寒風の吹く中、小さな子どもたちが授業を受けていました。手を挙げて、「僕は将来、医者になって病気の人を助けたい」と言う子どもを沢山見ました。

彼らの夢を叶えようと一生懸命な大人たちにも出会いました。

「私たちの食事よりも、この子たちの未来のほうが大切なのです」と言った村長もいました。

その時はじめて、今私たちにできることが限られていることを実感しました。ペンと鉛筆を配り、一緒に折り紙を折ったり、歌を歌ったりすることが、途方もなく小さな事のように思えてきたのでした。

街では、まだ戦車や装甲車が走り、家族を失った人たちが存在し、地雷で両足をなくした少年にも会いました。空爆で家を失い、墓の上に家を建てて住んでいる無数の家族。そのため、墓場は奇妙な形に切り取られていました。これら、アフガニスタンの現状を目の当たりにして、自分にできること、またはしたいことと、やらなければいけないことを、もう一度考え直すようになりました。

女性たちはブルカで顔を隠し、病状が深刻になるまで診察を受けに来ません。原因は女医の不足です。ビデオを構えていると、私にも滅多に顔を見せてはくれません。しかし、看護学校の視察に行くと、女生徒が大勢学んでいました。女性たちが働こうとしている状況を見て、私は不思議な安心感を感じました。

街を車で走ってもホームレスは見当たらず、皆、何かしらの仕事をしています。正直言ってボランティアなんておこがましいと思いました。彼らはプライドを高く持ち、自分たちの力で国を再建しようとしています。私たちにできるのは、ほんのわずかその手助けをすることでしかない気がしました。

そして、アフガニスタンは今もなお、とてつもなく美しい国でした。それは、戦争の爪痕も含めて全てです。家々の造りや、ブルカに隠された女性たちの強い顔。子どもたちの笑顔。それに星の美しさと、沈む夕陽の見事なオレンジ。守られているものも、守り切れなかったものも、全てが本当に美しかったのです。

このスタディーツアーの一番の目的は、アフガニスタンを訪れて知った事実を忘れないことだと思いました。そして、伝えていくこと。彼らを尊敬し、わずかなことであっても子どもたちの夢を実現するための手助けなのではないかと私は思います。

もっと早く見ておけばよかった。アフガニスタンの今までの歴史とこれからの未来を結び付けるために、私たちは百本のペンを握りしめて子どもたちに会いに行きました。そして、アフガニスタンの子どもたちがそのペンで何を書くのか、何を学んでいくのか、私は見続けたいと思います。》

（レシャード・真す美／同感想文集より）

高校生たちが作った手作りの通学バッグ

この第三回スタディーツアーの時、参加した会員の一人から、帰国後、こんな声が寄せられました。

「村の子どもたちは、ボロボロのビニール袋に教科書やノートを入れて、何キロも先から学校に通っています。せめてあの子どもたちに丈夫なバッグを贈れないでしょうか」

その声を受けて、子どもたちのバッグ作りに動き出してくれたのが、静岡県藤枝市にある藤枝順心高校の生徒さんたちでした。同校の先生たちの中に「カレーズの会」の会員がおり、その関係でバッグの制作を高校生たちの春休みの宿題にしてくれたのです。その中の一人、高三の松田那実さんがその時のことをこう記しています。

《もう少しで春休みに入る頃、ビニール袋に入った一枚のプリントと大きさが違う二枚の布をもらいました。もらった直後に思ったことは「どうしよう、困った！」でした。しかし中に入っていたプリントを読んだ瞬間、布をもらった時の思いは一転し、「頑張らなくては！」と思いました。裁縫の苦手な私は友達に手伝ってもらいながら一生懸命バッグを作りました。私の作ったバッグはお世辞にも上手とはいえないものですが、心を込めて作ったものです。この紺色バッグを、アフガンの子どもたちが喜んで使ってくれたら私たちも嬉しいです。》

（『カレーズ』第10号／05年5月20日発行）

高校生たちが心を込めて作ってくれたたくさんのバッグはその後、コンテナに乗せられて現地に届けられるのですが、それにしてもアフガニスタンの教育実態の貧しさはいかんともしがたく、この実態を何とかしたいと、長年考え続けてきました。

アフガニスタンの識字率は三六パーセントと、とても低いのです。子どもたちは長い戦乱の中で教育を受ける場をなくし、将来への夢すら抱くことができないでいます。「カレーズの会」では、これまでもカンダハール市周辺の村々にテント学校を設け、教育を行ってきたのですが、その子どもたちに何とかしっかりした初等教育の場を設けたい。そしてもう一つ、この子らの村々を訪ねると、さらに気がかりなことが見えてきました。それは、村に診療する場所もなく、時には車の中で診察を行わなければならないということでした。

新しい診療所と学校の建設計画（05年12月～）

そこで考えたのが、学校と診療所を併せ持つコミュニティー型の施設を建設できないかということです。それもせっかく作るなら、学校や診療所だけでなく、村人の会合の場としての公民館を設け、大人の識字教育にも利用できるようなもの。さらには、長期の干ばつで村に飲み水や生活用水が不足しているため、感染症が増えることから、井戸を掘り、子どもたちにはプールを、大人にはシャワールームを、女性には洗濯場を提供し、健康管理と公衆衛生面での改善をはかりたいという夢でした。

この計画を、「カレーズの会」のボランティアスタッフである一級建築士の長谷川正男氏に持ちかけると、さっそく設計図作りにとりかかってくれました。

最初に予定した建設予定地は、カンダハール中心地から東に四八キロほどの所にある人口四八〇〇人のマンジャ村でした。ここは第三回のスタディーツアーでも訪問したところで、学校も診療所もないところです。学校が建設されれば通うことが予想される子どもは約五百人（七歳～一五歳）、当面構想している学校規模でも二百人の子どもを受け入れることができます。

このマンジャ村ともう一つの候補地、ナワディ村には昨年一〇月、カレーズの会・副理事長の小野田さんを派遣し、予定地の視察と関係者との打ち合わせを行ってもらっていたのですが、建設した学校や診療所は五年後にはカンダハール州教育省、同州保健局に引き継いでもらうことになっているため、審査に必要な書類提出など、認可を得るまでにしばらく時間がかかるということでした。

それから一年余、設計図を描いてくれた長谷川氏と二人で建設計画の状況把握と最終確認のため、アフガニスタンを訪れたのは〇五年暮れのことでした。

ところがこの訪問でわかったのは、このところカンダハール周辺の治安が悪化し、市街地以外での活動や建設は危険すぎるというので、国内でＮＧＯによる建設は一切中止してほしいと、アフガニスタン経済省が各支援国に伝えているということでした。ただし、これまで申請のあったものは特例として扱ってくれるとは言うのですが、カンダハール周辺では数カ所の学校が燃やされ、教師まで殺害されている。このような状況の中でプロジェクトの協力は不可能だし、「カレーズの会」のスタッフの安全も保障できないと、マンジャ村の住民や村長からも告げられてしまったのでした。

こうして予定のマンジャ村は断念せざるを得なかったのですが、われわれの意思を各方面に伝えた結果、市の東北部に難民や地方から集まった住民約一千軒の村があり、安全面でも適切と思われるので、こちら側の決断と日本大使館の了解が得られれば建設が可能であると言われ、長谷川氏と共にとりあえずそこを視察し、帰国の途についたのでした。

そうしたきびしい現実を突きつけられた旅ではあったのですが、唯一うれしかったことは、一年前、日本で研修を受けて帰国したタヒリ医師がカンダハール州の結核担当官として任命され、日本で学んだ知識を活かして活躍している姿に出会えたことでした。

治安の悪化と物価の高騰（06年1月〜）

私たちが建設地の視察に訪れたこの二〇〇五年あたりからアフガニスタンの治安はいっそう悪化していました。タリバンが勢力を回復し、自爆攻撃を急拡大させていたのです。現地から届くレポートにも、そうした状況が色濃く映し出されていました。

《全国の会員、ボランティアの皆様にアフガニスタン事務所の全職員より新年のご挨拶を申し上げます。昨年は皆様のご支援のおかげで医療と教育における活動は順調に進めることができました。医療面では〇五年だけで二万三四八三名の患者を無料で治療し、当クリニック開設以来の患者数は六万九五二四名に達しました。

ただ最近のアフガニスタンは、残念ながら活動がしにくくなっており、特に地方では治安がますます悪化しています。医療活動は都市部を離れると全くできず、教育活動のみ細々と続けています。昨年一一月までは六カ所九教室で三二三名の生徒が授業を受けていましたが、その後はそれらの地域も治安が悪化し、生徒数も教師の数も減っています。

今年の一月からは全国的に、とりわけ南部、また西部や東部でも自爆テロなどの事件が多発しているため、米軍による突然の家宅捜査や身体検査がたびたび行なわれるようになっており、そんな時には女性を守るため、男性による抵抗もあり、時として悲劇が起こります。

物価も今年の冬は例年にない寒さだったため、野菜や果物の収穫が少なく、値段は二倍にハネ上がりました。交通費も高騰しており、家賃も二〜三倍くらいに上がり、反面仕事の機会は減っているという厳しい状況です。

カンダハールはアフガニスタンの中でも暖かい所ですが、今年の冬は夜間に氷点下一四度まで下がり、昼でも氷点下二度くらいまでしか上がりませんでした。このような寒さは経験したことのないものでしたから水道管の防護対策ができておらず、ほとんどの家や会社の水道管が壊れてしまいました。私たちの会の事務所でも、クリニックやゲストハウスの水道管が壊れ、一週間以上、手洗いや飲み水が使えず、復旧まで近くのモスクから水を運んでいました。……以下略》

（アフガニスタン事務長／レシャード・シェルシャー『カレーズ』第13号／06年3月20日発行）

犠牲者の六割以上は子どもと女性（06年7月〜）

次も、続いて届いたレシャード・シェルシャーのアフガニスタン情勢を伝える報告です。

《アフガニスタンにおける治安の悪化が大きな問題となり、いろいろな情報が世界で報道されている。しかし、その現実はアフガン国民にしか知りえないことも多い。

日々アフガン全土にＮＡＴＯの国際治安支援部隊（ＩＳＡＦ）や米軍による空爆・爆弾、反政府側からも自爆テロ、爆弾、ロケット等が続き、特に今年七月からは、さらにその激しさを増している。

戦場の最前線が大きな町（カンダハール、ヘルマンド、ファラー等）の近くになり、毎日のように一般住民が危険にさらされている。その犠牲者数の多さに、一般住民から強い非難の声が各市・村・地区で出てきている。この四カ月間では住民の犠牲者が以前と比べ、三〜四割多くなった。

二〇〇六年七月一日から一〇月二四日までの約四カ月間で、民間人の犠牲者は六〇五人〜七一五人、避難民は約九万四二〇〇人。この数には含まれていないが、カンダハール市内でＮＡＴＯのカナダ軍の車列近くで自爆テロが起こり、その報復としてＮＡＴＯのカナダ軍が銃を乱射し、周りの一般市民が犠牲になったりしている。

例えば、断食の前と終わり頃の二回、カンダハール市内で自爆テロが起こった。一回目はカンダハール市西部で、カナダ軍の車列近くで自爆テロが起こり、二度目の爆発後、カナダ軍の軍人二人が装甲車の上で銃を乱射、住民一三名が犠牲となった。二回目はカンダハール市東部で、やはりカナダ軍の車列の近くで自爆テロが起こり、カナダ軍の銃撃で一般住民七名が犠牲となった。そのうち二人は幼い六歳と四歳の兄と妹であった。

カンダハール市から一三キロ離れたパンジュワイ地区では九月三日からの約一カ月間激しい空爆があり、ブドウやザクロの畑では何百人もの遺体が埋葬されずに残されていた。その地区では未だに空爆が続いている。

また断食の大祭りの二日目には、空爆を避け難民キャンプから逃げた避難者が、夜中二時半からの三〇分間、米軍の空爆に遭い一〇二人が死亡、約二〇〇人が外傷を負った。その六割以上が子どもと女性であった。その葬式の後、反対デモが起こり、何百人もの住民が参加し、アメリカ軍基地や県庁に向かい、警察と衝突する騒ぎとなった。

いまなお残されている地雷の犠牲者は三カ月間でアフガン全国で二一八名にのぼり、そのうち九五％は一般市民である。農民たちは畑や家を奪われ、収穫作業もできず、野菜や果物はだめになり、一年間の仕事の成果をフイにする。……以下略》

（『カレーズ』第16号／06年12月20日発行）

カンダハール・アフガニスタン事務長
レシャード・シェルシャー氏。

外国の軍隊への強い反発

この年の一二月二七日、カレーズの会では〇六年度第三回の理事会を開いたのですが、そこに現地から事務所所長のレシャード・シェルシャーが来日し、理事会終了後、現地報告会が催されました。その時の一問一答は、改めて厳しい現地の実情を浮き彫りにさせるものでした。

《Q、アフガニスタン、特に南部の現在の様子は?

■人々の意識の中ではすでに「政府軍・米軍・ISAF(国際治安支援部隊)・NATO軍」VS「タリバン・現地住民」という図式になっている。

■一二月三日、現地クリニックから一キロほどの所でNATO軍(この時は英国)に自爆テロ攻撃があり、三人が死亡した。これに対して英国軍は報復攻撃を行ない、市民に銃を乱射、二一人に発砲し、五人を即死させた。五人の中には乳呑み児とその母親がいた。

■九月初め、通りのパン屋でナンを買おうとしていた幼児二人が外国軍隊の発砲で射殺された。

■村人どうしのちょっとした喧嘩や争いがあり、腹いせに一方が、もう一方をタリバンだと米軍などに通報してしまうことがある。そういうい加減な情報に即反応、確認もせずにその家へ乗りこみ、通訳もつけずに押し入って、言葉がわからずに立往生する人々を後手に縛り、銃で威嚇する。あるいは殺す。この中には女や子どもも含まれる。

このようなことが頻繁に起きてくると、それを目撃した人々はどう思うだろうか。アフガン人でなくても強い反発を抱くのは自然のなりゆきというものだろう。外国の軍隊はアフガンの文化や習慣とはかけ離れた、その国のやり方で強引に実力行使に及ぶ。「それは違う、やめてくれ」と思っても、それを反映させるシステムがない。人々の声を伝える仕組みがない。

Q、そのような状況の中で、「カレーズの会」の活動に支障はありませんか？

すでに医師一人が離脱し、検査技師が行方不明という事態が起きている。補充はできたが、今後何が起きるかは予測がつかない。今月の五日には、クリニックから五〇メートルほどの交差点で自爆テロがあり、その爆風を受けてクリニックの窓ガラスが全て割れるということもあった。

しかしスタッフはみんな元気で仕事をしている。患者はそんな中でも減るどころか増えている。最近の患者の特徴は、鼻や喉や目、皮膚の炎症が多いことである。ケシの栽培への壊滅作戦で外国軍が空から化学薬物を撒くのだが、畑には当然、他のいろいろな果物・野菜も栽培しているので、結果的にケシだけでなく、人々の貴重な食料である農作物もケシと一緒に薬物をかぶってしまう。汚染された果物・野菜を食べずに済む人は多くはないだろう。汚染された空気はまた市内にも流れ込み、街で暮らし、働く多くの人々に影響を与えている。こうしてクリニックに耳鼻科や眼科、皮膚科の患者が多くなったものと考えられる。

Q、今後アフガニスタン社会がどのように推移していくのか、とても心配なのですが。

まず平和でなければ展望も予測も描けない。必要なのはアフガンの人々の声を聞くことだ。民衆の声が上に届いていない。国際社会は確かに支援をしてくれたが、それは各支援国が独自に考えた目的に対してお金を使ったのであって、アフガン人の希望するものとは違う。例えば電力。国内にダムを造り、発電装置を稼動して全国に電力を供給することは、復興のための最も重要な国の仕事であろう。しかしどこにもそのような企画は見当たらない。

一方で女子サッカー養成のプロジェクトなどの話があるという。もっと先にやるべきことがあるのではないか。教科書のない女の子は沢山いるし、教員の養成や再教育も急務だ。現在のアフガン政府自体、本当に独立したアフガンのための政府とは言えない状況にある。

また、アフガンの人々の声が政府に反映されるしくみになっていないのが実情だ。暴力による圧力は、やがては内戦を招くばかりではないかと懸念される。望ましい状況をつくるには、何よりもアフガン人が主人公となり、アフガン人の望む政策が一つひとつ実現するよう、話し合いの中で国際社会との協調を図りながら前進することであろうと思う。》

（『カレーズ』第16号／06年12月20日発行）

新診療所建設に着工（07年4月～）

再び戦乱の時代に逆戻りしてしまったかのようなアフガニスタン。診療所も危険と紙一重のところで、職員たちの奮闘が続いているようでした。その恐怖の中で、彼らスタッフたちを背後で支える妻や子ども、兄弟やいとこ、そして多くの患者さんたちが身をかがめて戦乱の過ぎるのを待っていることを思うと、心から皆さんの無事を祈らずにはおれません。

そうした状況下、〇七年二月、治安の悪化で建設予定地が二転三転し、着工が再三延期になっていた新しい診療所の建設が在アフガニスタン日本大使館からの支援決定を受け、ようやく着工の認可がおりました。建設地はカンダハール市の中心部から東に一〇キロのアイノメーナという地区で（周辺を含め約三千世帯、現診療所から五キロ）、二五〇〇平方メートルの敷地に約五七〇平方メートルの建物が建設される予定です。

そのアイノメーナで四月三〇日、カンダハール州保健局長、世界保健機関（ＷＨＯ）の代表、アフガン国営テレビの記者らが出席のもと、日本からは私が参加して、基礎工事の最初のレンガを置く起工式がとり行われました。

新しい診療所は男女それぞれの待合室が設けられ、かねてから念願だった、お産による大量出血や新生児の感染症に対応していくためのベッドが三つ用意されます。

お産については、アフガニスタンでは女性一人が生涯平均六・三回お産をしますが、各お産における母親の死亡率が一・六％とされています。このデータからすると、お産関連の死亡率が約一〇％となり、女性一〇名のうち一人がお産で死亡する計算となります。そうした実態の中では当然、新生児の死亡率も高く（新生児死亡率は17％、五歳以下の死亡率は25・7％）、その原因の多くは、環境や医療設備の不備のためにもたらされているといえます。しかしこの新しいクリニックができれば、女性たちは安心してお産ができ、新生児は必要な手当を受けて元気に育つことができるはずです。

一方、学校建設については、県教育長らにも会い、結果的に市の北東部にあるコタリモルチャ地区に約二三〇〇平方メートルの建設予定地を設定していただくことになりました。ここには「カレーズの会」で進めているパソコン教室等も設置する予定です。本来ならば診療所と学校は同じ場所に建設して、互いの役割を補助することを考えていましたが、残念ながら現地政府官庁の判断で、それぞれの村の需要に合わせて、異なった地域、異なった時期に建設することになりました。

資金が足りない！

しかしここで、新たな難題が持ち上がったのです。アフガニスタンの物価はここ数年で復興バブルともいうべく高騰し、当初計画した予算では診療所と学校の建設費をまかなうことができないということが判明したのです。

そこで「カレーズの会」では、建設資金の不足を補うため、急きょ募金活動を展開することになりました。支援を訴える募金箱は会員の奔走で、スーパーや開業医、調剤薬局、個人商店、飲食店など、静岡県を中心に九九カ所（08年12月末）に設置させていただくことになりました。

書き損じ葉書回収キャンペーンも始まりました。書き損じ葉書は一枚で一食のナン（パン）が買えます。一四〇〇枚で教師一人分、三五〇〇枚で診療所の薬剤師、レントゲン技師、三八〇〇枚で看護師、八〇〇〇枚で医師各一人分の給与がまかなえるのです。

またバザーは、これまでも毎年「しずおか福祉バザール」に参加させてもらっていたのですが、〇七年には「カレーズの会２００７バザール」を大々的に展開しました。バザーへの商品提供のお願いは新聞各紙にも取り上げられ、テレビではニュースやお知らせコーナーでも何回か放送されたため、視聴者からの反応はすごいものでした。遠くは鹿児島県や滋賀県の会員さんが宅急便で送ってくれ、県立静岡高校吹奏楽団の有志の方たちからの応援もあり、二トントラック一台分も集まったバザー品は会場で多くの方々に買い求めていただきました。

また会員の中で、診療所の建設に理解を寄せ、多額の寄付金をくださった医師も現れました。そんな中、さらにありがたい話が飛び込んできました。浜松市で医院を閉院した堀川征機先生から、超音波断層装置や電子内視鏡、電気メス、骨測定器など貴重な医療器材二〇種類以上を再利用するために提供していただいたのです。この他にも、浜松市、島田市、静岡市など六つの医院から、車いす、歩行器、胎児監視装置や蘇生器、赤ちゃん用体重測定器や松葉杖、手術器具など、四〇フィートコンテナ二個分以上の医療機器を提供していただけることになりました。

医療機器は精密機器のため、輸送時の衝撃に耐えうる梱包を施した上で、神戸港から船積みされ、イランの港を経て、約一カ月かけて陸路でカンダハールに運ばれます。着工された新しい診療所の工事が順調に進めば、そこでさっそく威力を発揮してくれることでしょう。現地の人々には、日本人の顔の見える心のこもった支援として、きっと喜んでもらえるものと思います。

新診療所がオープン（08年4月）

在アフガニスタン日本大使館に、日本外務省から「外国人退避勧告」がなされたのは〇七年七

カンダハール市東部アンサリメーナ地区の学校建設現場。

月のことでした。

「現在アフガンの情勢には好転が見通せない状況です。アフガニスタンに滞在されている方は、特に日本人は海外へ退避するよう強く勧告します。また同地域への旅行を計画している方は実施を延期してください」

アメリカの空爆が始まって六年、その後もアフガニスタンの治安は悪化の一途をたどり、《……とりわけ二〇〇七年はこれまでで一番きびしく、一年間で一四〇件の自爆テロ、二二〇件の爆破、四五〇回の空爆があり、八〇〇〇人以上が犠牲になり、しかもその六、七割は女性、子ども、老人を含む一般市民。しかし、このようなニュースは日本も含め、国際メディアにはほとんど報道されません》（『カレーズ』第21号／08年3月20日発行）とい

08年４月、新診療所がオープン。真っ白な壁がまぶしい診察棟の全景。

うレシャード・シェルシャーの悲痛な報告が届いたのは二〇〇八年の年明けのことです。

しかし、一方、カンダハール市内に建設予定の学校は年明けの二月一一日、同市の教育局や市役所などの代表を招いて、無事、着工式を行うことができました。

「カレーズの会」では、物価高騰で足りなくなった建設資金を補うため多くの皆さまからご協力いただき最終的に、建設資金＝一一四八万一〇三五円、医療機器輸送資金に一六四万六二七四円の募金を集めることができました。

そしてついに念願の新診療所がオープンしたのは〇八年四月二三日のことです。寄付の土地二四〇〇平方メートルの面積に六五〇平方メートルの診療所、七〇平方メートルの公衆衛生教育の部屋などがあり、新診療所には、静岡県内の医院から提供され輸送した医療器具が備えられ、新たに設けられた分娩室、産後ケア室にはベッドや

新診療所オープン

診療棟のテープカット。

新しい診療所の医療スタッフたち。正門前にはパシュトゥー語、英語、日本語で、診療所の成り立ちと経緯が記された看板が掲げられている（中段左）。

式典にはカンダハール州副知事をはじめ、一二〇名もの方々が出席し、盛大に祝われた。

胎児監視装置、保育器、乳児用体重計など充実した施設とすることができたのです。アフガニスタン南部で最新の設備を持つ医療施設です。建設費と整備費は合計一二万七八七三ドル、そのうち七万二六六二ドルが草の根無償資金、五万五二一一ドルが寄付金等で集めたカレーズの会の自主財源です。

竣工式には、治安の関係で、日本からの出席はかないませんでしたが、カンダハール州副知事や州保健局長、婦人会会長ら一二〇名もの関係者、取材のメディアが訪れ、盛大に祝うことができました。オープン以来、毎日のように政府や医療機関関係者が見学に訪れるなど、高い関心を集めているといううれしい報告が届けられました。

収穫期を迎える果物畑は無人のまま（08年5月〜）

クリニックで診療を受けた患者数は、〇八年五月三〇日現在で合計一四万一一八七名、また〇六年九月から取り組みを開始した予防接種（BCG、ポリオ、はしか、三種混合、破傷風）は、〇八年三月までに合計二万三六三四名の子どもに実施し、診療所としての役割を果たすことができました。しかし、アフガニスタンの治安状況はいっこうに改善する気配はありません。

《今年の夏は少し暑いです。最近の気温はカンダハール市内で日中四二〜四三度くらい、夜は二一～二二度ぐらいで、夜も暖かい風が吹いてきます。カンダハール周辺の砂漠の方は日中四八～五〇度まで暑くなることがあります。

残念ながら、戦争はカンダハール市内の五キロ範囲に迫ってきたので、周辺から市内に、市内から砂漠に避難することも多くなっています。なぜなら、砂漠の方が安全で、夜は涼しいからです。

二〇〇八年六月八日の夜、南部パクチャー州のあるところに米軍による空爆があり、二三人が死亡、内一一人が女性、七人が子ども、老人二人も含まれていました。

六月一三日にカンダハール市内にある刑務所が夜九時二〇分頃タリバンによる攻撃を受け、収容されている仲間のタリバン約四〇〇人と、タリバン以外の囚人の約六〇〇人が脱走するという事件が起きました。その夜中にもパンジワイ地区で空爆があり、七～九人が死亡、ヘルマンド州の空爆でも三三人が死亡しています。

カンダハール市の中心地から約五～六キロ離れた北西にあるザクロやブドウの豊かなアルガンダーブ地区・アルガンダーブ河の西側に六月一七日、タリバンあるいは反政府勢力が入ってきて、夜には空爆の音が市内にも聞こえました。一八日も戦闘は続き、政府軍、ＮＡＴＯ軍とタリバンの中に死亡やけが人が出ています。カナダの記者も一人怪我をしています。この地区の一般住民は市内や南の方へ避難せざるをえなくなってしまいました。

農家では、一年間の収穫の時期を迎える頃でしたが、桃、杏、ブドウ、梅、サクランボなどのたくさんの畑が無人のまま残されてしまっています。……以下略》

（アフガン事務長／レシャード・シェルシャー『カレーズ』第22号／08年6月20日発行）

二つの死（08年8月）

こうした中、「カレーズの会」は二つの痛ましい訃報を受け取ることになってしまいました。その一人は八月二六日、アフガニスタン東部のナンガハール州ジャララバードで誘拐され、遺体となって発見された「ぺシャワール会」スタッフの伊藤和也さん（31歳）です。

伊藤さんはぺシャワール会に入会する前、当会の会員で、一年半ほど「カレーズの会」でボランティアをしてくれていました。しかし彼の関心が農業分野で、将来アフガニスタンの子どもたちが食糧面で困らないよう、その分野で活動をしたいという相談を受け、それなら本会よりむしろ「ぺシャワール会」（福岡市）がよいだろうと、同会を紹介したという経緯がありました。

（注・彼は「ぺシャワール会」入会の際、《……「アフガニスタンは忘れられた国である」、この言葉は、私がぺシャワール会を知る前から入会している「カレーズの会」の理事長であり、アフガニスタン人でもある医師のレシャード・カレッド先生が言われたことです》と、その志望動機を書いている。）

その伊藤さんが誘拐されたとの報を受け、副理事長の小野田さんが真っ先に掛川市のご実家に駆けつけ、関係機関との情報収集やご家族の支援に当たったのですが、和也さんはとうとう元気な姿で帰国することがかないませんでした。アフガニスタンのために力を尽くされ、志半ばで倒れた伊藤さん、心からご冥福を祈らずにはおれません。

自爆テロによっていのちを奪われたタヒリ医師。

そしてもう一つの訃報は、四年前に来日し、日本の病院で一年間、精力的に研修を積み、帰国後はカンダハール州の結核担当官として活躍していたタヒリ医師（30代半ば）の突然の死でした。

タヒリ医師は、国の感染症対策官として地方に向かう途中、自爆テロによって、同乗していた同僚の医師と共に命を奪われたのです。九月一四日のことでした。私はのちにタヒリ医師のご自宅へお悔やみに伺ったのですが、玄関に出てきたのは、まだ幼い子どもたちで、その姿を見て、いたたまれない気持ちでした。

なぜアフガニスタンに尽くす若い人たちが、こんな形で次々と亡くなっていかなければならないのか、怒りと悔しさでやりきれない思いでした。

止まない戦禍（08年9月〜）

二〇〇八年一二月二〇日発行の『カレーズ』24号には、アフガン事務所所長のレシャード・シェルシャーから届いた現地レポート「アフガンの闘いには誰が勝った?」というレポートが紹介されました。これでもか、これでもかというほど続く空爆、自爆テロ、そしてその犠牲者たち。この戦いの勝者はいったい誰なのかと、問わずにはいられません。アフガンで続くのは死、死、死……。

《アフガンの闘いには誰が勝った?

■九月二四日＝カンダハール州警察の女性部長マラライと彼女の息子が狙撃され、女性部長は即死、息子は翌日に亡くなりました。

■九月二七日＝カンダハール州人材局長が射殺されました。

■一〇月六日朝＝カルザイ大統領の文化情報課の書記と彼の父親がカンダハール州南部で射殺されました。

■一〇月下旬＝オランダ人の女性記者が首都カーブル市の東部にあるスロビ地区で誘拐され、

一一月七日に解放されました。

■一〇月二〇日＝アフガニスタンで援助活動を行っていた英国人女性が、首都カーブル市内でイスラム原理主義勢力タリバンとみられるグループによって銃撃され、死亡しました。目撃証言によると、二〇日朝、仕事に行く途中で、バイクに乗った二人組の男から銃撃を受けたようで、タリバンのスポークスマンは、「キリスト教を布教しようとしていたため殺害した」と言っています。

■一一月三日＝アフガニスタンのカーブルで、非政府組織（ＮＧＯ）で教育分野の援助活動を行っているフランス人男性（32歳）が武装グループに連れ去られ、拉致を阻止しようとしたアフガン人一人がグループに射殺されています。

■一一月三日夜＝アフガニスタン南部のカンダハール州で、結婚パーティーの会場が米軍機によるとみられる爆撃を受けました。米軍スポークスマンは空爆で民間人に多数の犠牲者が出たことを認めており、誤爆の可能性が大きいです。アフガン政府の調査団が調べた結果として、四〇人以上死亡、約七〇人が負傷。現地からの情報によると空爆で老人、女性や子どもを含む九五人が死亡、七二人が負傷。カンダハール州立病院に搬送されたケガ人三八人のうち七人が死亡したとのことです。

■一一月五日＝アフガニスタン西北バードギス州で空爆があり、女性や子どもを含む一九人が死亡。

亡くなられた方の親族の悲しみ、怒りや憤りを思うとやりきれません。間違いで何十人や何百人も殺して許されるのでしょうか？「こんなことをやっているからアメリカはダメだ」と米軍に対してのアフガンの人々の不信はつのるばかりです。……略。

そして大変残念なことに、一〇月二六日の夜、現地診療所の事務所に泥棒が入り、月末の経費残金と一〇月分の現地収入（診察券発行費、検査代など）が盗まれてしまいました。翌朝警察の取り調べも行われましたが、未だにはっきりと結論はわかりません。対策のため、日本の本部と連絡・相談をして、今後医療機器と活動資金をしっかり保管するために、夜間の見張りのために二人のガードマンを雇っています。……以下略》

新クリニックを訪れる（08年12月～）

このように二〇〇八年はさらに治安の悪化が加速し、特に南部カンダハールへの行き来ができない状態が続いていました。しかし一一月からドバイ↓カンダハール間の飛行機の運航が再開されたことを受け、年末から年始（〇九年）にかけて現地を訪問することにしました。

しかし年末のこの時期、ドバイブームに湧く日本からドバイへの直行便は予約がとれず、やむなく関西空港からカタールのドーハ空港経由でドバイに入り、そこから便を乗り換えてカンダハール空港に入ることにしました。現地で使用中の超音波断層装置の破損した部品の差し替えなどの機材や、薬剤などの入った重い荷物を背負っての約三六時間の旅でした。

さっそく新クリニックに向かいました。はじめて見る新しい診療所です。

車を降りると、まぶしい太陽の光に照らされた新クリニックの白い壁が目に飛び込んできました。玄関の左脇にある看板には「カレーズの会」のシンボルマークが日本とアフガニスタンの国旗に挟まれ、両国語でこの診療所の成り立ちと経緯が記されています。長い間の懸案であり、夢であった診療所の建設、それが現実のものになったのだと思うと、何とも感慨深いものがあります。笑顔で出迎えてくれた職員一人ひとりに思わず「ありがとう！」と言わずにはいられない気持ちでした。旅の疲れはどこへやら、少年のように、各部屋や診察室、検査室などを歩き回りました。

明けて翌日、診療所の様子に改めて驚きました。朝から待合室に入りきれず、外まで行列を作っている患者さんたち、職員は夕方四時頃まで昼食もとらず診療に没頭しています。しかも今回は、遊牧民の人たちがかなり診察に訪れていることに驚きました。というのも、この人たちは普段あまり近代的な診察を受けることはなく、伝統的な手段で治療を行うことが多かったからです。

新しい診療所には超音波断層装置など新機器が利用されるようになったためか、妊婦や子ども

感染症や結核予防のための公衆衛生教育。わかりやすく説明するためにイラストを用いて行う。

の数も多く、実際、滞在している間に何人かの赤ちゃんがクリニックでたくましい産声をあげ、厳しい雰囲気を和ませてくれました。

今回もクリニックでは、各部門と会議を持って医療内容や対処法を検討し、そのマニュアル化を進めたのですが、もう一つ、気になっている州立病院を訪ねると、残念なことに、前回、コンテナで送った医療機材の一部がほとんど倉庫にしまわれたままで利用されていないことがわかりました。そこで、新しく赴任した院長および州の保健局長に催促をして、私の滞在中に全て起動させ、担当者も決めて利用を開始しました。

ところが、この病院に移動中、思いもかけない事態に遭遇してしまいました。私の乗った車が銃撃に遭ったのです。あと数十メートルとい

診療風景

診察を待つ女性患者たち。

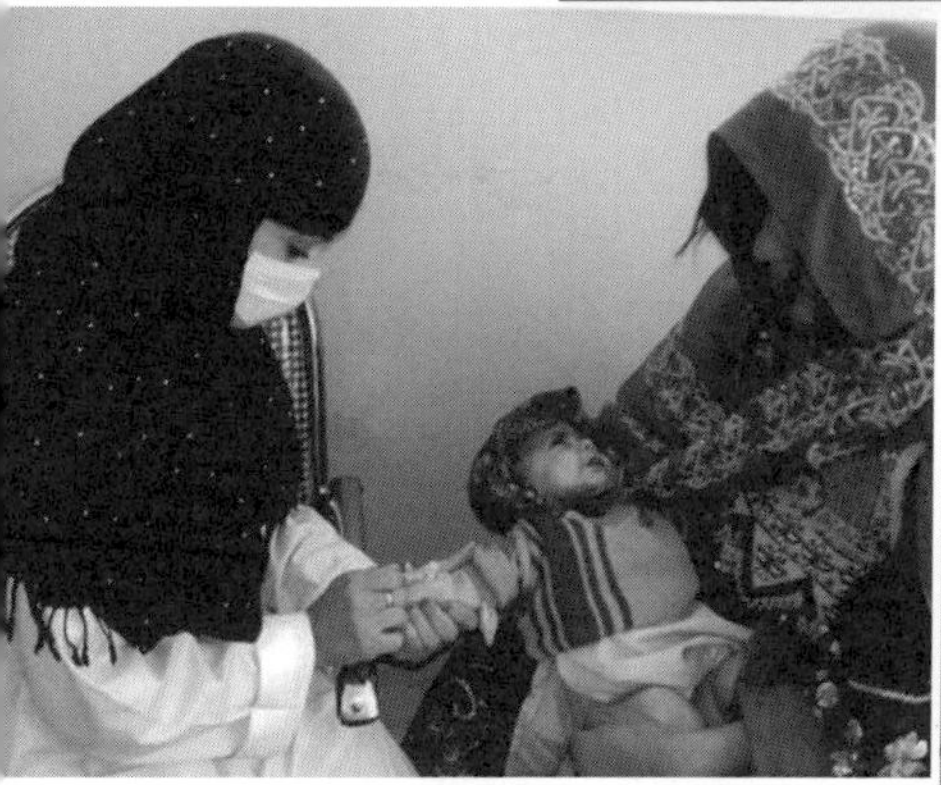

赤ちゃんに予防接種。予防接種ははしか、ポリオなど診療所内外で実施。

女性患者の血圧を測る。

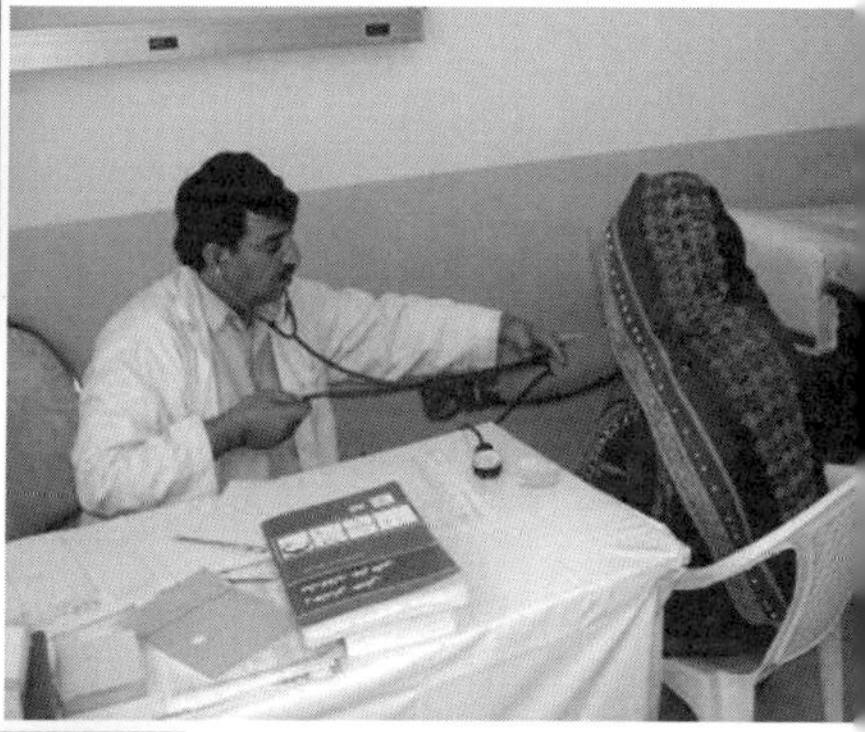

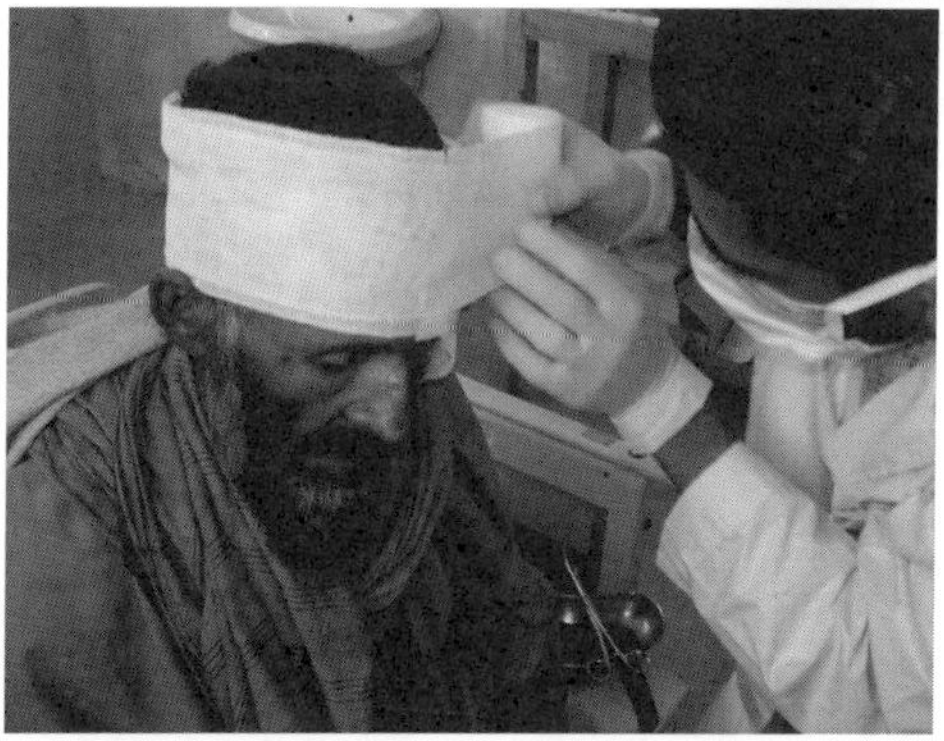

けがの手当。患者さんは一カ月平均三千名が訪れる。

うところで危うく難を逃れたのですが、ごく普通に市内を通行する道路だっただけに、いかに治安が悪化しているかということがわかりました。以前ならにぎやかなはずの繁華街がひっそりと静まり返り、通行人はほとんど見あたりませんでした。

カンダハール市東部のアンサリメーナ地区に建設中の学校は、八教室の建物が屋根まで出来上がり、ドアや窓の設置が準備されているところですが、寒さと労働者の賃金高騰のため、やや遅れが出ているということが気になりながら、今回の旅を終えたのでした。

アフガニスタンの希望

工事が遅れ、気をもんでいた学校の建設ですが、〇九年八月、ついに完成し、いつでも生徒を迎える準備が整いました。ところが思いがけずこのすぐ近くの路上で爆弾が爆発、窓ガラスがすべて壊れるという事件が起こり、通りがかりの母子が犠牲になりました。

最初の約束では、学校の建物の建設までが「カレーズの会」の役割で、机や椅子などは州の教育委員会で用意することになっていたのですが、予算がないことを理由に、それらもすべて「カレーズの会」の責任で揃えるよう指示されました。そこで、カンダハール市内の有力者等に寄付金を募り、約三一二八ドルを集めて、やっと一六〇席の椅子と机、黒板などを準備しました。しかし政府や教育委員会の職員は治安の悪化や大統領選挙を理由に忙しく、まだ引き渡しがままならない状況です。一日も早い開校と、生徒の笑顔を見ることを楽しみにしているところです。

一方、新しい診療所はその後も順調で、現在、診療所を訪れる患者数は月平均三千人、二〇〇九年七月末までの受診数は一八万八七六一名を数えました。診療所のスタッフは「カレーズの会」現地事務所の職員も含め、二七名。ただ大きな悩みは助産師の確保です。原因は誘拐事件が頻発していることなのです。

これまでの誘拐事件は、国連機関関係者や支援団体職員を狙ったものが多かったのですが、最近は現地市民でも収入の高い人や社会的な地位を持つ人を狙った事件が急増しています。女性は特に身の危険を感じるということもあり、また待遇上の問題から助産師が退職し、一時産婦人科診療が行えないという状態が続いていました。現在は、前任者のライラがパートタイマーで一日三～四時間働いてくれているのですが、いずれは根本的な対策を講じなければならないと思っています。

そんな中で、いま私たちが大変ありがたく思っているのは、カンダハール保健局及び個人経営の薬局などから、診療所に医薬品が無償で提供されていることです。さらには、アイノメーナ地区に住むある篤志家から毎月、現地診療所の医師一名分の給料四〇〇ドルと、薬代の一部として八〇〇ドル、計一二〇〇ドルを寄付していただけることになったことです。

さらに、新しい診療所はこれまで町の中にあったのが郊外に移転したため、それまで通っていた人が交通手段がなく通うことができないという問題が生じていました。その実情を見て、現地の市民ボランティアの人たちが無料で乗れる小型バスを提供し、運転手さんもやとって、毎日午前一〇時から夕方四時までの間、患者送迎用として運行してくれているのです。

これは、いつまでも他国の援助に頼るのでなく、できることは自分たちでやろうというアフガニスタンの人々の心意気ではないでしょうか。私たちはその姿勢を心から頼もしく思い、これこそアフガニスタンの希望だと思っているのです。

コラム
①

働き者の女性たち

——レシャード・マルガララさんに聞く

二〇〇四年一〇月一四日、島田市の特別養護老人ホーム「あすか」に島田市在住のアフガン人、レシャード・マルガララさん（婦人科医師）を招いて、アフガニスタン文化講座を開催しました。以下はその講演内容です。

村の女性はとても働き者です。自分の家の絨毯《じゅうたん》は全て手作りで、日本の畳を少し薄くしたくらいの敷物も自分で作ります。さらにセーター、靴下、手袋を毛糸で編んだり、生活に必要なものは全て自分で作ります。時にそれらは商品として販売し、生活の糧となります。夫、子ども、自分の服は全て手作りです。美しく仕上げるため、袖口やえりぐりなどに刺繍を入れたり、ビーズであしらったりして綺麗に仕上げます。

また、テーブルクロス、パーティー用の服や帽子、男性用のシャール（日本では女性用の絹のショールのようなもの）なども刺繍で綺麗に飾り付け、美しく仕上げます。都会に住む女性も普段着は自分で作ります。

主食はパン（ナン）ですが、お米も食べます。パンは欠かすことのできない食品で、毎日、小麦粉を水で練って作ります。一日分のパンを毎朝一〇時頃にまとめてたくさん焼きます（翌日の朝の分まで）。パンの大きさはフランスパンくらいの長さで、ピザのような丸い直径50センチくらいのものです。種類がいろいろあり、カレーパンのようにパンの中にニラを入れたり、ジャガイモや挽肉（牛）を入れたものも作ります。それを「ボラニ」といいます。

パンは、土を水で練って固めて作ったかまどで焼きます。電気はないため、薪や炭で食事を作ります。時間がかかりますが、煮物、スープ、野菜炒めなど美味しくできます。牛乳からバター、チーズ、ヨーグルトなども作ります。

畑仕事、家畜の世話も、夫と共に生活を賄うため働きます。夫が戦死したり、病気や障害を抱えて働けない時は、それらの仕事は全て女性が行います。畑ではほうれん草、レタス、キャベツ、ジャガイモ、人参、たまねぎも作っています。秋に収穫を迎えますが、たくさん作るため商品として市場に出して売ります。

家族で食べる一年分の食糧（麦、米、豆など）は倉に保存します。その倉は「カンドウ」と呼ばれ、一・五から二メートルの高さで、土と水で練って固めて作ったものでたいへん丈夫です。一つの倉に一〇〇〇キロまでの食糧を保存することができます。一軒の家に二つから三つの倉が必ずあります。日本の昔でいう「お蔵」のようなものです。

大家族

アフガニスタンでは祖父母と父と母、その子どもたちが一つの家で生活します。男兄弟が結婚した場合、長男、次男、三男、それぞれの兄弟のお嫁さんたちも一つの家族となり、またそれぞれの夫婦から生まれる子どもも皆一つの家族となり、一つの家で暮らします。

例えば、祖父母、父と母、子どもが男の子三人の家族の場合、子ども三人が全員結婚すると、お嫁さんを含めて一〇人家族となり、三組の夫婦からそれぞれ三人ずつ子どもが産まれると、合計一九人の大家族となります。

アフガニスタンの女性は一日働いて疲れていても、ひと言も不平不満をこぼさず、夫に仕え、またその兄弟たち、夫の両親にも仕え、家族のために身を粉にして働きます。アフガニスタンの女性は本当によく働き、有能な妻と言えるでしょう。

【質疑応答】

Q、婚姻制度について

A、一夫多妻で、妻は四人までOK。ただし、全ての妻に平等に愛も物も与えなければならないので、経済的にも余裕があることも条件となります。今、アフガニスタンでは九割以上は一夫一妻です。結婚は九九％がお見合いで、親が決める結婚です。式の当日まで相手の顔も知らないことがほとんどで、それが当たり前なので、誰も文句も言わないし、トラブルも起こりません。

結婚式はケーキやジュース、たくさんのご馳走が出て、男女別の会場でパーティーが行われます。しかしケーキカットが行われる時は女性の部屋に新郎と親戚が来て、顔合わせをします。その後、親戚同士でお祝いをしますが、一晩中続く場合は男性は元の部屋に戻ります。お酒はお祝い事でも出ません。詩を朗読したり、民族音楽を奏でたり、ダンスなどで祝います。一弦、二弦、三弦の楽器があり、笛や太鼓で大変賑やかです。

離婚率は一～二%。駆け落ちは考えられません。アフガンの女性は小さい頃から、それを当然のこととして生活しているので、不平不満もないのです。

Q、夫と死別後の女性の仕事について

A、アフガニスタンには現在二〇〇万人の夫を亡くした女性がいます。戦争や病死など、原因は様々ですが、夫の兄弟と再婚することも可能ですし、実家に帰ることもあります。農村の場合、働かなければいけないため、親戚の力を借りて畑仕事を始める女性もいます。教育を受けた女性は、都会では保母、教員、看護師等の仕事があります。仕事は大抵半日くらいで終わりですので、午後は別の仕事をすることになります。

Q、女性の医療について

必ずしも女医さんに診てもらうという習慣はないですが、地方へ行くほどその傾向は強くなります。結核の七割が女性であるのは、医者にかかる習慣がなかったことと、栄養失調が原因と思われます。

Q、女性のブルカ着用は？

A、家の中、女性だけの集まりの時は着ていません。農村では野良着があります。都会では職場によって仕事着があります。外出時や人前での着用は多いです。

Q、これからの夢は？

A、今は医者として働けないけれども、平和が戻り、アフガンで医者として働くことができる日を夢にみています。

（『カレーズ』04年1月20日、同4月20日発行より）

コラム
❷

結婚式はアフガン風

早春のある夜、一組の夫婦が誕生した。結婚式はアフガン風。アフガニスタンからはるばる親族が駆けつけたのはもちろん、日本在住のアフガン人も集まり、みんなウキウキと楽しそうだ。部屋ではアフガン音楽が流され、早くも何人かは踊り始めている。

そこへ新婦の登場である。キラキラとまぶしいほどの飾りのついたアフガン衣装にヴェール、介添人に手を引かれ、しずしずと席に向かう。人々が口々に祝いの言葉をかけ、祝福の歌で花嫁を盛り立て、席へ誘う。歌の意味は、

「♪ゆっくり行け、ゆっくり、ゆっくり、どうせおまえは行ってしまうのだろう、急ぐことはない、ゆっくり、ゆっくり行きなさい」

去り行く人に名残りを惜しんで歌うのである。

席に着くと、テーブルには花が飾られ、お菓子が盛られており、新郎と共に着席。またひとしきり「♪幸せになれ、うんと幸せになっておくれ」と歌われる。

さて、セレモニーが始まる。賑やかだった音楽も踊りもおしゃべりもピタリと止み、会場がシーンと静まる。長老がコーランを開いて読み上げ、結婚の意味と覚悟をおごそかに語り伝える。新郎新婦も出席者も皆、神妙に聞き入り、やがてお祈りに移っていく。

次に二人はローソクに火を灯し、皆に祝福を受けた後、ワインを飲みほし、誓いをたてると、新婦の父が立ち上がり、用意したネッカチーフを娘のウェストに巻きつけ、「何があっても元気でいてくれ、幸せであってほしい」と願い、万感の想いを込めてひとしきり娘を抱きしめ、別れの儀式を締めくくるのである。

再び音楽が流れ、歌や踊りやおしゃべりに満たされてゆく。

このような場は独身者たちにとってはお見合いの場にもなっており、いい娘がいると、人を介して伝えてもらうのだという。

また部屋の壁に沿って座っている人々に料理や飲み物の給仕をするのは一〇代とおぼしき少年たちで、その甲斐がいしい世話ぶりはすがすがしく大変気分のよいものであった。

宴もたけなわ、参列者が次々に新郎新婦にお祝いのプレゼントを渡し、そこでまた喜びと驚きの声があがり、あるいは冗談が飛び交う。しゃべり疲れ、踊り疲れた男の一人二人が隣席の仲間（決して女性ではない）の膝枕でしばし横になってつかの間のうたた寝を楽しむ姿も微笑ましい。

ふだんはイスラムの教えに沿った表の顔で生きる彼らが、こうした身内やごく親しい仲間との間では、カミシモを脱ぎ、心からくつろいで子どもにかえったようになる。

それにしても、アフガン女性や子どものこの美しさを何と表現したらよいのだろう。ペルシャ風の衣装もさることながら、彫りの深い顔立ち、長いまつ毛に縁どられた大きく神秘的な目。その瞳にじっと見つめられたら、誰でもクラクラッとしてしまいそうだ。アフガン風結婚披露の夜は、こうしていつ果てるともなく続くのである。

（『カレーズ』06年9月25日発行）

第Ⅳ章

アフガニスタン人は何を望んでいるか

爆撃を受けた跡にたたずむ著者。01年暮れ、カーブル市内。　（撮影：内堀タケシ）

三〇年間うちつづく戦禍

一九七九年から始まったソ連軍の侵攻に対して、多くのアフガン人がムジャヒディン（イスラム戦士）として、恐れをなすことなく戦場に繰り出して行きました。青壮年はもとより、子どもから老人まで、国を守るという神聖な気持ちでこの戦いに臨みました。

しかし彼らが持っていたのは時代遅れの武器であり、ソ連軍の最新兵器には歯が立たず、多くの人が犠牲になっていきました。

当時はまだ冷戦のさなかです。アメリカを中心とする国々から多量の最新兵器や弾薬がアフガニスタンに運び込まれ、ムジャヒディンに配られました。当然、それらの最新兵器を使いこなすために軍事訓練が各地で行われました。

一〇年間の長い戦争の末、アフガニスタン人一五〇万人、ソ連軍三万五〇〇〇人の犠牲者を生み、アフガニスタン全土が破壊された中で、戦いに終止符が打たれることになりました。真実は勝者も敗者もない戦いでしたが、表向きには、ムジャヒディン（裏ではアメリカ）の勝利に終わったと結論付けられました。

この戦争の終結で誰もが平和が訪れると信じていました。しかし、国内に残存していた多量の武器が人々に静かな生活を営む猶予を与えませんでした。個人的な利益や部族間の憎しみのために、煽り立てられるように内戦が始まり、多くの町や村が破壊されました。その七年間の争いで、一般市民の犠牲者は五〇万人にものぼったといわれます。

しかし、武器を提供した国や勢力は、この悲劇に対して知らぬ振りをし、静観し続けました。こうしたことが、結果的に、国内ではタリバン政権の成立、世界ではアルカイダの活動強化につながり、やがて二〇〇一年九月のニューヨークの破局的なテロ、その後のアフガニスタンへの空爆、そしてイラクへの軍事侵攻へとつながっていったのです。

「9・11同時多発テロ」後に始まった米国の「報復攻撃」は、アフガニスタンによりいっそうの混乱と犠牲をもたらしました。ソ連軍の侵攻以来約三〇年間にわたって、外国軍の侵略と戦乱が続くアフガニスタンで、国民は絶望と貧困の真っただ中に放置されたままです。

なぜ好転した状況が再び悪化したのか

そのアフガニスタンをどう復興させていくのか、復興会議が二〇〇二年一月、東京で開催されたことについては第Ⅱ章で述べました。会議には多くの国々や国際団体が集まり、アフガニスタンの復興のために資金も出し、人も出して支援する約束をしてくれました。

このニュースは、アフガニスタンにとって久びさの喜ばしいニュースであり、国民が将来への夢を抱く良い兆《きざ》しに思えたものでした。そして実際、その後しばらくはインフラ整備が進み、教育、医療、行政管理などが良い方向に向かっていたのです。治安も安定するかのように見えました。

しかし、事態は順調に進みませんでした。タリバン政権に代わって設立された新アフガニスタン政府の管理能力不足と腐敗によって、多くの支援金は本来の目的に使用されず、別の目的に使われたか、あるいは権限を持った一部の人間の私腹を肥やす形で消えてしまったのです。

その結果、都市部では豪邸が建てられて、月に数千ドルで賃貸されるという現象を生み出す一方、建築費が高騰し、一般の人々の住宅の建設や改築ができなくなってしまいました。多少整備が進んでいたインフラも再度崩壊し、軍閥の勢いが再燃したことによって、治安も悪化の一途をたどることになったのです。

最も重要な生活基盤である電力は、カーブル市内でさえ週三日しか供給されず、中流家庭では発電機が使用されていますが、貧困層はランタンを使うか、ガスボンベに直接火をつけることで明かりと暖房をかねている有様です。

同じく日常生活に不可欠な水についても、かつて平和な時代にはカーブル市内のほとんどに水道システムが構築されていたのですが、いまでは二、三日に一回しか使えないというのが実態です。首都であるカーブル市内でさえこの状況ですから、地方ではさらに困難な生活を強いられているのはいうまでもありません。

治安はどうでしょうか。二〇〇七年度には月平均五七三件であった自爆テロ、誘拐、米軍の空爆による被害などの事件は、翌〇八年には七四〇件に増加し、死者が年間八〇〇〇人にのぼったことでも（〇九年の八月まではそれを越える数値）、治安の悪化ははっきりしています。そしてその背景には、政府の無能と腐敗があるのは明らかです。

貧富の格差と地域による格差

二〇〇七年一二月、私は一年振りに首都カーブルを訪れました。アフガニスタンの悲惨な状況はもちろんわかっていましたが、それでも多少の復興の成果を期待しての旅でした。

日本を出国する時の情報では現地の気候は氷点下一八～二〇度の寒さと積雪と聞いて覚悟していたのですが、運よく厳しい寒さは和らいで氷点下五～六度の気温が続き、持参した大きなコートを使用する機会もありませんでした。

しかし驚いたことに、それまでカーブルをはじめアフガニスタンでは見たことのない情景を目にすることになったのです。氷点下五～六度という寒さの中で、路上生活をしている家族が何組もいるのです。これは、就労を求めて地方からカーブルにやって来たものの、仕事や生活の場にありつけなかった人々の一部だと思われます。夜間はますます冷え込むこの地域では、戸外で暮らすのは命に関わることです。特に子どもたちにとっては死に直結する問題です。

その一方、シェルプール地域では新築の豪邸が建ち並び、ヨーロッパや中近東の豊かな石油生産国を思わせる風景が広がっていました。人々の噂では、一般の公務員の給与は約二〇〇〇アフガニ（約四〇ドル）であるのに対して、特別職はその一〇倍から二〇倍の二万〜四万アフガニ（約四〇〇〜八〇〇ドル）も国際機関からもらっているということです。このような給与の格差が右のような差別を生み出すだけでなく、給与の安い人々（公務員を含む）がワイロ等の悪質な行為に走る現状を生んでいるのです。

電気や水道など生活のインフラ面に加え、医療面や教育の分野などでも地域による格差は著しいものがあります。

とりわけ医療面では、五歳未満児の死亡率が一〇〇〇人の出生に対し、カーブルでは一〇九人ですが、北東部のバダクシャン地区では三三三人（全国平均は一六五／一〇〇〇）、ほぼ三倍近い状況です。この傾向は妊産婦の死亡率にも明確に現れており、カーブルで一〇万件の出産に対し四一八件の死亡が、バダクシャン地区では六五〇七件と一五倍強にものぼります。

保健センターや保健所の利用も、中央部や北部の州を一〇〇とすると、南部のホスト州ではその三三パーセント、カンダハール州では四七パーセントにすぎません。この背景に、医師をはじめ医療従事者の絶対数の不足や分布の偏りがあることは明白です。

ケシの栽培がやまない事情

こうした地域による収入の格差は、とりわけ地方の定期収入のない農民に最も重くのしかかることになります。地雷の残存によって思うように耕作ができず、その上、干ばつによって痩せた土地に、苦労して植えた農作物の収穫は少なく、収入源の確保は困難です。

そこで、タリバンや軍閥、マフィア組織に追い立てられるように、麻薬の原料となるケシの栽培に手を染めることとなります。農民にとってケシは麦や野菜に比べて数倍の収入になります。農民にとっては数倍でも、市場価格はその何十倍にもなり、軍閥やマフィアに破格の収入をもたらすことになります。結果的にこのケシの代金が武器の購入資金となり、自爆テロの実行者への報酬等となっていくのです。

こうした実情はわかっているのに、麻薬の取り締まりは徹底していません。またケシ農場を焼き払っても、農民にその補償はなされません。（注・最近、「カレーズの会」診療所を訪れる患者さんに目や鼻、のど、皮膚の炎症を訴える人が多いのは、ケシ畑の壊滅作戦で外国軍が空から化学薬物を撒

一面に広がるケシ畑。

くため、といった問題もある。）

一方、買い上げた側の軍閥やマフィアは警察や軍と連携を密にし、何の咎《とが》めや妨害もなく、国外へ持ち運び、多額の収入を手に入れるのです。こうした取引の実態、運搬手段や経路は国際治安支援部隊（ＩＳＡＦ）など、麻薬を取り締まるべき組織にわからないはずはないのですが、どういうわけか闇に包まれたままです。

本来、イスラム社会では、酒と同様に麻薬の使用は厳しく禁じられており、当然、その栽培や販売も罪になります。それなのに、イスラム教に厳格なアフガニスタンの農民が、戒律を破ってケシを栽培するのにはそうせざるを得ない理由があり、逃れられない圧力がかかっているからです。新たな国造りにおいて、秩序の回復、戒律の徹底、そして各階層の収入や生活面での平等を確保することは、麻薬を追放する上でも不可欠な要素です。

給油活動についての私の意見

もう一つは武器の問題です。元兵士の武装解除・動員解除（ＤＤＲ＝注）で武器は回収されたものの、武器を捨てた兵士たちはその後、仕事にもつけず、さらに、登録されていない武器が提出された武器の倍を超えるという現実の中で、タリバン追放後のＤＤＲの取り組みが必ずしも成功だったとは言えない、ということは第Ⅱ章（97頁～）で述べたとおりです。

アフガニスタン国内におけるテロ、殺害、自爆テロは、当然ながら武器があるから発生するのです。では、その武器はどこから来るのでしょうか?

何の準備もないアフガニスタン国内で武器を製造することは不可能だということは、誰もがわかることです。武器は周辺国から輸入されるか、国内で活動している軍隊から横流しされるか、そのどちらかなのです。そのことに関連して、日本の海上自衛隊によるインド洋での給油活動を続行するための新テロ対策特別措置法の審議の際、私も参考人として国会に招かれ、次のように証言しました（07年11月5日）。

「……ご存じの通り、アフガニスタンは内陸部にあり、周辺はパキスタン、イラン、中央アジアの国々に囲まれています。武器の輸入にしても、麻薬の輸出にしても、このような国々を経由して行われていると考えるのが自然です。当然、国際社会を恐怖に巻き込んでいる国際テロ、アルカイダ（アフガニスタンにいるとすれば）が行き来するルートもこれら国境のはずです。

日本政府が自衛隊を派遣しようと考えているインド洋は、流通路としては、おそらく国境を通るものの何分の一かにすぎないでしょう。従って、もしそれ（自衛隊の派遣）が、アフガニスタンの対テロ対策のものだとしたら、それは海上より、国境で監視する方がよほど理にかなっていると、私は考えます。

もちろん、特措法は米軍や連合軍との協調の意味では重要かも知れませんが、アフガニスタンだけの事情を考えるなら、二の次の問題ではないかと思います」

しかし特措法は国会を通り、自衛隊のインド洋での給油活動はすでに八年にわたって続いてきました。今度（09年9月）、民主党への政権交代で給油活動は見直されることになっていますが、あれだけ莫大なお金を使ってインド洋で給油活動をやるのなら、そのお金で国境警備隊のようなものをつくって監視活動をしたら、外から武器が入ってくることを阻止できるでしょうし、麻薬も外に持ち出されず、テロリストの出入国も監視できます。本気でアフガニスタンのテロ対策を考えるなら、なぜ国境でやらないのかということを、私はずっと思ってきました。

しかし、そうした対策がとられない中、アフガニスタンには今なお武器が流れ込み、その武器は各軍閥の手に渡り、さらに仕事のない人は、お金が手に入るなら自爆テロでも誘拐でもいいとわないと、その武器を手にして報酬を得ようとするのです（今、自爆テロを引き受けると二〇〇〇ドル支払われると言われています）。その結果、多くの人々が治安悪化に巻き込まれるだけでなく、自ら治安の悪化に荷担しているのです。

〔注〕ＤＤＲ＝Disarmamentは〈武装解除〉、Demobilizationは〈動員解除〉、Reintegrationは〈社会再統合〉の略。

オバマ政権の米軍増派は事態をさらに悪化させる

国際治安支援部隊（ＩＳＡＦ）などは、そういう事情をよくわかっているはずなのです。麻薬などの輸出も軍閥の手によって行われ、それが武器を買い入れるための手段とわかっていながら、政府や軍隊は取り締まるどころか（注・現在のアフガニスタン政府は軍閥が政府内の重要な地位についている）支援さえしている。国民はそんな政府にあきれ果てているのが実態です。

アフガニスタン国内はこのような実態なのに、二〇〇九年、オバマ米大統領はアフガニスタンを「対テロ戦の主戦場」と位置づけ、約二万一〇〇〇人の兵員の増派を発表しました。

今現在、アフガニスタン国内で治安を維持する目的で活動している米軍をはじめ国際治安支援部隊（ＩＳＡＦ）は一〇万人を数え、今年八月に行われた大統領選挙の際には、アフガニスタン政府軍や警察と合わせると、約二〇万人が選挙の成功を目指して出動されました。

米軍や英軍はこのように派兵規模を拡大してきましたが、今年（09年）の英軍の死者は一八九人と、イラクでの死者の一七九人を上回りました。英国内では、この犠牲者の増加に対して国民の反発が日ごとに増し、増兵を拒む結果を生んでいます。米軍にしても七五三人と、多大な犠牲を強いられており、オバマ政権が描いた増派のシナリオにも影を落としています。

アフガニスタンでは、武力のみで解決できないことも多く、そのような時には、民族や部族の長老が集まって協議で治安や紛争を解決することも古くから習慣として行われてきました。最新の武器に頼らず、古来の知恵を活かすことも忘れてはならないと思います。私自身、この難題の解決方法は暴力でなく、対話以外にはないと、かねてから訴えてきました。

どのような支援が求められているのか――日本に望むこと

アメリカの同時多発テロ、そしてその後、「対テロ戦争」の号令の下、アフガニスタンのタリバン政権に対して行われた空爆から八年が過ぎました。多国籍軍の空爆等で破壊された国を再建するために二〇〇二年に東京で開かれたアフガニスタン復興会議からも七年、その間、多くの援助資金が提供されてきました。最近も復興のために新たな可能性の模索が始まり、Ｇ８の国々から再度多額の援助金の拠出と人的な貢献が予定されています。しかし、これまでの多くの援助金や貢献の効果が検証されることなく、再度莫大な金額が注がれてよいのかどうか、私には疑問に思われます。

国連難民高等弁務官事務所（ＵＮＨＣＲ）の発表によると、世界の避難民数は一〇〇〇万人を越えており、そのうち最も多いのが三一〇万人にのぼるアフガニスタンの難民です（全体の27％。イラクの一五〇万人がそれに次ぐ）。このような難民の発生が今も増加している原因は、繰り返しになりますが、治安の悪化、保健衛生の不備、食糧不足や雇用の欠如などによるものです。

現地の治安はいま最悪の状態で、身代金目的の誘拐事件が多発しています。医師をはじめ、収入のあるものは誰でも標的になり（注・「カレーズの会」新診療所の女性医師もそうした理由が一つで退職した）、一人当たりの年間所得三〇〇ドルのアフガニスタンであっても、時に数千万から数億ドルの大金が要求されることがあります。貧困層は銃を持っていないことを考えると、実行犯として、警官や国軍兵士がこのような犯罪に関与しているのではないかといわれています。

犯罪を取り締まる立場にある警官や国軍兵士がこのような犯罪に関わっている事実を考えると、アフガニスタンはもはや「地獄の沙汰も金次第」の社会になり下がったと言わざるをえません。

こうした状況を克服するためには、世界中の軍隊や武器を注ぎ込んだとしても解決方法は見つからないでしょう。

本来、アフガニスタン人の心の支えは人間愛、親切な心、郷土への思い、社会の秩序と愛国心であったはずです。しかし長い戦争と貧困がこれらの美徳を失わせてしまったのです。それを思うと、身を切られる思いです。

しかしどんなに困難であっても、アフガニスタンは復興をめざして歩んでいかねばなりません。当然、多くの国々から支援を続けていただかなくてはならないのですが、その支援はあくまでも、武力を使っての援助ではなく、非軍事的な手段で平和構築に貢献してもらうことです。

今のところ日本は、アフガニスタンで最も信頼が厚く、信用のある国です。その日本の役割は、カンボジアや東ティモールで実績を上げた「対話路線」を推進することであると、私は確信しています。その対話もアフガニスタン国内のあらゆる層（タリバン等、反政府派も含めて）はもちろんのこと、利害関係にある隣国も含めることが肝心です。そしてそれは、米国などの国際社会に言われるよりも先に、日本政府自身の判断で始めてほしいのです。

日本がカンボジアでの道路整備をＰＫＯ（国連平和維持活動）の形で行ったように、農業や飲料水の確保、ダム等の建設、空港や鉄道などのインフラ整備を、軍事的な手段を使うことなく進めていただけたら、それはアフガニスタン国民に対する友情の賜物として深く感謝され、かつ賞賛されることでしょう。

心と心を結び合わせる「針と糸」

私の父のアブドゥル・シャクール・レシャードは、歴史家であり、詩人でもありました。アフガニスタンという国が、長期にわたる戦争や殺戮の時代を経験し、父もこのような状態を目の当たりにしたこともあって、常に詩を通して人々に平和と融和、秩序ある社会づくりのための努力を促していました。その父の詩の一つに「はさみと針、糸の役割」を説いたものがあります。私はこの詩が好きで、今の社会の在り方を表すのに最もふさわしい内容だと思っています。以下はその内容です。

昔からシルクロードでは広い地域間の交流が盛んに行われ、それぞれの文化、技術などが伝達されていた。この交流は単なる貿易や経済関係だけにとどまることなく、政治、宗教や文化にまで及んでいた。人々は自分たちが作ったり、発見した物をよその土地に行って売り、見返りとしてその地域の物や技術などを故郷へ持ち帰り、周囲に伝達していた。また、技術や物品を伝達してもらうため、王や高官らに自慢の品を持参して喜んでもらうことで便宜を図ってもらったりしていた。

カーブルの自宅で父と。父は、04年12月、83歳の生涯を閉じた。

そうした中で、ある人が王宮を訪れ、自分が住んでいる地域で作られている自慢の〝はさみ〟を手土産として王に献上した。土産を持参した人は、その〝はさみ〟の自慢話をし、どのように作られ、どれほどの切れ味であるかなどを説明した。

その話にじっと耳を傾けて聞いていた王は、その人に向かって語りかけた。

「まずはあなたのご好意に感謝する。あなたが持参した〝はさみ〟は確かに自慢できるほどの逸品であろう。しかし、われわれはこれを土産としては受け取れない。なぜなら、〝はさみ〟は物を切るものであり、裂くものだからだ。それは人間と人間の信頼と絆《きずな》さえも切る可能性がある。我々は切れる〝はさみ〟よりも、人々の心をつなぎ合わせることのできる〝針と糸〟が欲しいのだ。それによってさらに友情が増し、互いを尊敬し合い、それぞれの立場を尊重し合うことができるような関係をつくりだしたい。それが平和を生み出し、平安な世界をつくるのである」

今こそこの社会には、切れる〝はさみ〟ではなく、心と心を結び合わせる〝針と糸〟が必要なのではないでしょうか。平和と融和をもたらす術《すべ》が期待されています。一日も早くそれが見いだされ、実行されることを願ってやみません。

資料1

アフガニスタンの憲法

アフガニスタンの最初の憲法関連法規はアミール・アブドゥール・ラフマン（在位一八八一～一九〇一年）によって制定され、一九二四年に新憲法としてロヤ・ジルガ（国民代表者会議）に承認された。その後の混乱を越え、アフガニスタンは中立国家として、一九六四年に民主主義を基本とした憲法を制定し、国民一人ひとりの権限、自由選挙権をうたっていた。七五年に再び憲法が改正されたが、この時は王制を廃止し、大統領制が導入された。

一九七九年にソ連のアフガニスタン侵攻が始まり、一〇年間の占領、その後の内戦や混乱によって、法的な根拠のない政府が国を支配し、安定と繁栄を欠く状況の中、国民の個人的な尊厳、自由や権限が無視され続けてきた。その結果、秩序が破壊され、身体的、精神的な苦痛によって、多くのアフガニスタン人民が命を奪われ、住居、生きる権利、医療、安定した労働、収入等の面で、多大な犠牲を払うことになった。

二〇〇一年九月一一日、ニューヨークで不幸な惨事が起こり、その後のアメリカの空爆で約一万二〇〇〇人のアフガン人の命が失われた。それによってアフガニスタンに国際社会の関心が集まり、二〇〇一年一一月にドイツで決議された「ボン協定」によって定められた移行政権が発足し、一年六カ月の時間をかけて再度アフガニスタンの憲法の新草案ができ上がった。そのことは国民一人ひとりにとって喜ばしいことである。ここでは新憲法の重要なポイントを紹介し、多少の解説を加えたい。

当憲法は一二章、一六〇条からなるもので、前文では、イスラム教の尊重、国連憲章や人権の重視、国民一人ひとりの自由意志による国家選択、そして、国際社会の中で中立的な立場を確立することを約束している。主なポイントは以下の通りである。

一、アフガニスタン共和国は自由、単一国家であり、イスラム教の教えを基本としているが、人種、宗教や言語の差はなく、他宗教の自由も保障されている。国家を形成するのはアフガン人と呼ばれるパシュトゥン、タジク、ウズベク、トルクメン、ハザラ、バローチ、パシャイ、キルギズ、ヌーレスタニ等の全ての部族やアフガニスタンの住民であり、各人の安全と権限を政府が保証する義務がある。

二、政府は法的平等性、人権の保障、民主的権限、国民の連帯、各部族間の文化や言語の保存を尊重、そして経済的繁栄に務める。

三、国政は農業、工業、流通等の再建を行うことによって、個人の生活レベルの向上に努めなければならない。
四、各部族の言語のうち、大多数であるパシュトゥン人が語るパシュトゥ語とダリ語が公用語として制定されるが、他の言語を使用する部族の住む地域においては右記パシュトゥ語とダリ語の他、その地域の言語が第三の公用語として制定され、法律によって決定し実施される。ラジオ、テレビや出版物では各言語が自由に使われることは可能である。現在使用されている公的名称等は今後も地域の差なく、全土で同様に使われる。
五、毎週金曜日（アフガニスタンカレンダー）、二月八日と五月二八日は国民の祝日となる。
六、国歌にはパシュトゥ語が使用される。その中身にはアラーアクバル「神は偉大であり」と、アフガニスタンで居住する各部族の名を入れる。
七、教育は、国民各個人の権利であり、政府は九年生（中学三年）までの教育を義務教育と制定し、大学まで全ての教育を無償で提供しなければならない。
八、アフガニスタンの国籍を持つ各人はアフガンと呼ばれ、男女を問わず全ての人は法のもとで平等であり、法律で定められている最大の権限、人権を有し、誰にも侵害されることがあってはならない。
九、政府は、人権監視委員会を制定し、この機構が各人の人権の保全を監視し、侵害された場合は法律に基づいて調査し、裁判所へ訴える決断を下さねばならない。

一〇、法によって各人の発言の自由が保障されている。各人が、選挙権や被選挙権を有する。
一一、政党の設立と政治的活動は法の範囲内においては自由である。但し、軍事目的であってはならず、海外から如何なる政治および経済的な支援も受けてはならない。また、政党は部族、言語、宗教や地域によって制限されてはならない。
一二、国民各人は労働の権利を有し、強制労働は戦争や飢饉の特殊なケース以外は行ってはならない。一方、個人は、国に対して税を払わなければならない。
一三、基本的には政府、議会と司法の三分野が独立して国の再建に当たる責務を持っている。大統領はそれを統括し、総支配者として国民に対して責任を持たなければならない。

◆大統領

■大統領は国民の直接選挙において五〇％以上の票を獲得した者が選ばれ、その任期は五年間で、二期までとする。大統領は国民および国会に対して責任を持たなければならない。副大統領は二名であり、大統領を補佐する。
■選挙は選挙管理委員会の監視下にて公正に行われる。
■大統領の候補者はアフガン国民であり、アフガン人を両親に持ち、イスラム教の信者であるべきである。年齢は四〇歳以上で、人権侵害や法律を犯したことがあってはならない。

大統領の主な職務は以下の如くである。

■憲法の実施と監視・監督
■国家の基本的な政策の実行
■軍や防衛隊の最高司令官
■非常事態宣言とその対策
■最高裁の人事権
■国会の承認の上、閣僚の選任と指名
■アフガニスタン銀行の総裁、最高裁判長、国家安全局長、赤月（赤十字）の長の指名
■国会の三分の一が賛成すれば人権や国家犯罪等の疑いで大統領をロヤ・ジルガに訴えることができ、ロヤ・ジルガの三分の二がこの疑いを立証できた場合、大統領を弾劾できる。
■大統領と最高裁の裁判官の収入は、離職後も生存している間保証される。

大臣（閣僚）は、大統領によって指名され、国会の承認を得なければならない。

閣僚はアフガニスタンの国籍のみ取得していること。但し、国会が認めた場合は重複した国籍の持ち主も選任できる。最高の学問を有する経験豊富な人で、三五歳以上の年齢であり、法律違反や人権侵害を行ったことのない人であるべきだ。

閣僚は国会内・外から任命されるが、国会議員が任命された場合は議員としては失職する。

◆政府の役割

■法律の施行、裁判所の判決の実行。
■国内外におけるアフガニスタン国の独立、繁栄と統一の保護と維持。
■予算と決算の作成、その実行と国会の承認を得ること。
■国民の社会的、文化的、経済的および技術的レベルの向上と維持。
■一般市民の保護等々。
■閣僚はその職務期間中に特定した地域、部族、宗教やテロの為に職務を利用してはならない。

◆国会

■国会は衆議院・参議院からなる。衆議院は地域の人口分布に比例して、二二〇～二五〇名が直接選出される。
■参議院は各県議会から選出された人三分の一、市町村から直接選出された者三分の一、そして大統領に指名された者三分の一からなる。大統領に指名されたメンバーのうち、五〇％は女性議員でなければならない。

■議会は政府の職務、計画や予算を審議しなければならない。
■衆議院は二五歳以上、参議院は三五歳以上から被選挙権が得られる。
■国会議員（参議院）には各州から少なくとも二名の女性を選任しなければならない。

◆ロヤ・ジルガ（国民代表者会議）

■ロヤ・ジルガの議員は国会議員、県・市・町議会議長からなる。
■その職務は国家的プロジェクト、例えば国家成立、独立、国の在り方に関する方針の決定。
■当憲法の承認。
■国民に直接選抜された大統領の承認。

◆司法

司法は独立した機構であり、最高裁、高裁、地方裁からなる。

最高裁は九名の裁判官を有し、大統領に任命され、衆議院の承認を経た者で、任期は一〇年間、任命は一期のみとする。アフガニスタン国籍であって年齢は四〇歳以上であり、法律違反や人権侵害を行ったことはなく、政党に属さないことが条件である。

司法の基本はイスラム教ハナフィ宗派の法律を基に行われるが、必要に応じて、シーア派の法規によって判断することができる。そのためには、その技術の習得は必須である。

犯罪の捜査は警察の責務であり、その立証等は検察の責務である。

それぞれは各自の分野において、独立した立場で職務を果たされなければならない。

捜査中、検察や裁判で語学の問題がある場合は、司法当局は翻訳（通訳）を設けなければならない。

◆行政

中央行政は各省庁からなるもので、大臣がその責任を負う。

地方行政は、州行政が中心であり、人口、文化や地理的位置によって、州の数等が決定される。

各州は州議会を有しなければならない。州議会議員は直接選挙で選ばれ、任期は四年である。

市町村においても議会が制定され、直接選挙にて選出される。

遊牧民もこの選挙に参加しなければならない。

◆その他

大統領、副大統領、最高裁メンバーは利益を得るような契約や商売に関わることはできない。

それに加え、大臣、全ての裁判官、国会議員は公務以外の職務に就いてはならない。

裁判官、検察官、警察や軍隊の主な役員は政党に属することはできない。

大統領、副大統領、大臣、最高裁判官の私的財産は、任期前・中・後に監察され、公表されなければならない。

前回ロヤ・ジルガにおいて、元国王のザーヒル・シャー氏は、国民の父として彼の生涯において尊敬され、敬われることになる（すでに死亡したので、この条項は削除される）。

資料❷

アフガニスタンにおける難民の移住

一八四七〜六五年、ロシア軍の南下戦略としてタシケント（現ウズベキスタンの首都）が制圧され、大量のウズベク族が避難民としてアフガニスタン北部に移住した。

一八七三年には、ブハラ市周辺の制圧によって第二次避難民の移動が始まった。

一八八四年にトルクメニスタンへのロシアの侵攻に伴って、トルクメン族の大移動が始まり、アフガニスタンの北部に移住。

一九一七〜二一年、ロシア革命とその波動の中央アジアへの伝播によって大量のウズベク族、タジク族、トルクメン族が避難し、当時のアマヌッラー・ハーン王に丁重に迎えられ、土地や畜産を提供された。

一九八〇年に、前年末のソ連軍の侵攻や傀儡《かいらい》政府の樹立に伴う国内情勢の悪化、反イスラム主義戒律によって国内外に難民が発生し、隣国パキスタンおよびイランに最大で六〇〇万人が避難する。

最初は、国際社会から支援物資や資金が調達できたので、滞在先の国々が難民を温かく迎えていたが、次第に国際社会の反応が冷めるにつれて難民に対する対応が悪化し、最終的に国外や自国へ強制送還させられた。

しかし、パキスタンやイランなど、アフガニスタンに隣接している地域は乾燥地帯であり、農業などは行われなかったが、アフガン難民（ほとんどが農民）によって多くの砂漠地帯の緑化が進み、豊かな土地に変わった。難民はお世話になった恩返しだと自負している。

この期間にアフガニスタンで高い教育を受けた有能な人材は、米国やヨーロッパに避難し、早期に実力や能力に見合った働き口を見つけて、安定した生活を営むようになった。しかしこの層は国内の安定がもたらされても帰国することは期待できず、アフガニスタンに直接貢献するということにならないことが多い（私自身の「自己反省」でもある）。

二〇〇一年以降、各国からアフガニスタンが「解放された」という理由で、多くの難民が戻されたが、久々に帰郷した難民は、過去の繁栄や受け入れ態勢がなく、再度国内難民となり、方々へ散る羽目になった。自国内にいるために国際社会からの援助などもなく、新たな問題となっている。

おわりに

本書ではアフガニスタンの現状と、この実態を生んだ歴史的経緯について述べてきました。アフガニスタンではこの約三〇年間にわたる外国軍の侵略および内戦によって、国民の苦しみ・絶望感は極限に達しています。とりわけ「9・11」同時多発テロ事件の後に開始された、米軍による空爆を中心とする攻撃で、国土は徹底的に破壊されました。その後につづいて現在は、国際治安支援部隊（ＩＳＡＦ）が展開している平和作戦によっても、その苦しみは解消されるどころか日に日に増幅しています。

〇九年一〇月八日現在、アフガニスタンには米軍六万二千人、ＮＡＴＯ軍を中心とした国際治安支援部隊三万五七〇〇人、アフガン政府軍九万人と、約二〇万人近い軍隊が駐留していますが（このほかにアフガン警察八万人）、その総力をあげても、いまだに平和をもたらすことができていません。その主な原因として、カルザイ政権の統治能力の欠如、国民の八割が従事している農業に対する無策、公共サービスや産業政策の不備、さらには政権中枢や地方公務員、国際支援団体職員の腐敗や汚職などがあげられます。それに加え、国際軍の作戦ミスによる一般住民の犠牲の増加が国民の不信感を生みだし、嫌悪感を助長する結果になっているのもまぎれもない事実です。

それでも今年八月二〇日に施行された大統領選や議会選挙には、国民の多くが期待をかけ、何らかの変化がこの悪循環を断ち切ってくれることに望みをつないでいました。しかし、結果は逆に、選挙前のお金のばら撒きや集計での不正で、国民の不信感と絶望を深めてしまいました。多くの国民は、現政府の統治よりも反対派のタリバンの活動に期待をかけ、地方によっては一般市民の七割が彼らを支援しているとさえ言われています。

一方、米軍は、この状況を一掃すべく、年内に二万人から二万七千人の兵力増派（駐留米軍のマクリスタル司令官は四万人の増派を希望）で状況の逆転をねらい、アフガニスタンに平和をもたらすことをめざしています。しかし、二〇万人の兵力をもってもらちのあかない今のようなやり方で、今後数万の兵力を増強したところで何が変わるでしょうか。むしろ、一般市民の犠牲を増大させ、平和への道のりを遠ざけるだけではないでしょうか。

これは私がこれまでも主張してきたことですが、シルクロードの交差点であるこの国アフガニスタンには、古来から行われている部族長や知識人の会議（ロヤ・ジルガ）があり、そこで多くの難題が話し合いによって（説得と納得のプロセスを得て）解決してきました。今この国が直面する難題についても、この伝統的な手法にならって、対話による解決法を模索すべきであると思います。

この秋、日本では政権が民主党の手に渡り、さまざまな政策が見直されつつありますが、これはアフガニスタンにとっても大きなチャンスです。新しい政権は、インド洋での給油活動に代わり、アフガン国内の民生支援に移行すると確約していますが、その中身としてぜひ実現してほしいのは、アフガン国内で対立している各政治団体どうしの対話、また周辺国を交えての対話であり、国際社会の民間人による貢献の推進です。

このような政策が決断・実行されるならば、日本がアフガンの復興に大きな役割を果たすことになるのは必然であり、なによりアフガン国民が将来への夢を抱ける結果につながるでしょう。アフガニスタン自身も、いつまでも外国からの援助に頼っていてはならないと思います。国民一人ひとりが納得した上で、この国の再生の過程に参加することこそが、本来の平和への確実な足取りになることは間違いありません。今後も、私としてはこの主張を国内外で貫いていくつもりです。

本書第Ⅲ章では、「カレーズの会」の活動を紹介させていただきました。会の活動については、これまでも各方面で高い評価をいただき、賞をいただいてきましたが、新たに本年一〇月、保健衛生の向上に寄与した者に贈られるという第六一回「保健文化賞」（第一生命保険相互会社主催、厚生労働省、朝日新聞社厚生文化事業団、ＮＨＫ厚生文化事業団後援）を受賞することが決まりました。

このような賞は、私個人に対する評価ではなく、「カレーズの会」の理事をはじめ、会員一人ひとりのご努力、そしてボランティアの皆さまの大きな支え、そして多くの方々のご支援によって実現できたことです。また一方、日常の診療や地域医療の施行において、常に支えていただきました同僚である前里先生をはじめ、家族、医療法人健祉会、レシャード医院、介護老人保健施設「アポロン」の職員、社会福祉法人島田福祉の杜および特別養護老人ホーム「あすか」の職員のみなさまにも多大なご支援をいただきました。この場を借りて、関係者お一人おひとりに心から感謝申し上げます。そして、一日でも長く、このような活動が継続できるために、今後とも皆さまのご協力とご支援をお願いいたします。

なお、この本の出版にあたっては、高文研の山本邦彦氏、金子さとみ氏に多大なご指導とご協力をいただきました。その献身的なサポートに感謝いたします。

最後に、本書に対しては、読者の皆さまの率直なご意見をお聞かせいただけますよう、よろしくお願いいたします。

二〇〇九年九月

レシャード・カレッド

◇「カレーズの会」を支えていただける方へ

■会費は次の通りです。
個人正会員（一口）五千円
団体正会員（一口）一万円
学生会員（一口）二千円

■会費・寄付金の振り込み先
郵便振替＝００８５０ー３ー９７９６２
名義＝カレーズの会

▨「カレーズの会」の連絡先
〒四二〇－〇八五六　静岡市駿府町一－七〇　静岡県総合社会福祉会館四階　静岡県ボランティア協会内　ＴＥＬ／〇五四－二五五－七三二六　ＦＡＸ／〇五四－二五四－五二〇八
Ｅメール：evolnt@mail.chabashira.co.jp

◘レシャード・カレッド＝略歴

学歴　1969年４月　来日、千葉大学留学生部入学
1972年４月　京都大学医学部編入
1976年９月　同大学卒業
1976年10月　京都大学胸部疾患研究所外科学教室入局
1977年12月　医師免許取得
1984年１月　京都大学医学博士号取得

職歴　1976年10月　京都大学胸部疾患研究所研究員
1978年２月　関西電力病院呼吸器科研修医
1979年12月　天理よろず病院胸部外科医員
1982年４月　島田市民病院呼吸器科医長
1989年４月　イエメン共和国結核対策プロジェクトチームリーダー
1991年３月　松江赤十字病院呼吸器科部長
1993年６月　島田市にてレシャード医院開設、院長
1995年１月　医療法人社団健祉会設立、理事長
1999年４月　介護老人保健施設「アポロン」設立、理事長
2002年４月　ＮＧＯ「カレーズの会」発足、理事長
2003年８月　社会福祉法人島田福祉の杜、特別養護老人ホーム「あすか」開設、理事長
2004年１月　京都大学医学部臨床教授就任
2008年７月　島田市医師会長

その他　1999年３月　第１回介護支援専門員資格取得
JICA　アフガニスタン復興支援（保健医療分野）ワーキンググループメンバー
1997年より　静岡県島田市立島田第一小学校校医
2008年より　島田実業高等専修学校校医

受賞歴　1996年９月　第８回毎日国際交流賞受賞（毎日新聞社主催）
2004年８月　2004　Governors Community Service Awards受賞（American College of Chest Physicians主催）
2006年３月　第２回ヘルシー・ソサエティー賞ボランティア部門（国際）受賞（ジョンソン・アンド・ジョンソングループ、社団法人日本看護協会共催）
2006年10月　JICA理事長表彰（独立行政法人国際協力機構主催）
2008年３月　第11回秩父宮妃記念結核予防功労賞受賞（財団法人結核予防会主催）
2009年10月　第61回保健文化賞受賞（第一生命保険相互会社主催）

レシャード　カレッド
1950年、アフガニスタンのカンダハールに生まれる。1969年４月来日。千葉大学留学生部を経て、72年京都大学医学部に編入、76年９月卒業。同大学胸部疾患研究所研究員をかわきりに関西電力病院、天理よろず病院、島田市民病院などで勤務医を歴任。87年、日本に帰化。89年から２年間、イエメン共和国結核対策プロジェクトチームリーダーとして赴任。93年、静岡県島田市でレシャード医院を開設、院長。その後、介護老人保健施設アポロン、社会福祉法人島田福祉の杜、特別養護老人ホームあすかを設立、理事長。
2002年４月、アフガニスタン復興支援のためのＮＧＯ「カレーズの会」を設立、理事長。1996年、第８回毎日国際交流賞、06年、第２回ヘルシー・ソサエティー賞ボランティア部門（国際）、08年、第11回秩父宮妃記念結核予防功労賞、09年、第61回保健文化賞ほか受賞。04年、京都大学医学部臨床教授就任。08年から島田市医師会長。

知ってほしいアフガニスタン

●二〇〇九年一二月一〇日――第一刷発行
●二〇一〇年 二 月二五日――第二刷発行

編著者／レシャード・カレッド
発行所／株式会社 高文研
東京都千代田区猿楽町二―一―八
三恵ビル（〒一〇一＝〇〇六四）
電話　03＝3295＝3415
振替　00160＝6＝18956
http://www.koubunken.co.jp
組版／株式会社Web D（ウェブ・ディー）
印刷・製本／三省堂印刷株式会社
★万一、乱丁・落丁があったときは、送料当方負担でお取りかえいたします。

ISBN978-4-87498-430-7　C0036

〈観光コースでない――〉シリーズ

観光コースでない **沖縄** 第四版
新崎盛暉・謝花直美・松元剛他　1，900円
「見てほしい沖縄」「知ってほしい沖縄」の歴史と現在を、第一線の記者と研究者がその"現場"に案内しながら伝える本！

観光コースでない **「満州」**
小林慶二著／写真・福井理文　1，800円
満州事変の発火点・瀋陽、「満州国」の首都・長春など、日本の中国東北侵略の現場を歩き、克服さるべき歴史を考えたルポ。

観光コースでない **台湾** ●歩いて見る歴史と風土
片倉佳史著　1，800円
台湾に惹かれ、台湾に移り住んだ気鋭のルポライターが、撮り下ろし126点の写真とともに伝える台湾の歴史と文化！

観光コースでない **マレーシア・シンガポール**
陸　培春著　1，700円
日本軍による数万の「華僑虐殺」や、マレー半島各地の住民虐殺の〈傷跡〉をマレーシア生まれの在日ジャーナリストが案内。

観光コースでない **香港** ●歴史と社会・日本との関係史
津田邦宏著　1，600円
西洋と東洋の同居する混沌の街を歩き、アヘン戦争以後の一五五年にわたる歴史をたどり、中国返還後の今後を考える！

観光コースでない **韓国** 新装版
小林慶二著／写真・福井理文　1，500円
有数の韓国通ジャーナリストが、日韓ゆかりの遺跡を歩き、記念館をたずね、百五十点の写真と共に歴史の真実を伝える。

観光コースでない **グアム・サイパン**
大野　俊著　1，700円
ミクロネシアに魅入られたジャーナリストが、先住民族チャモロの歴史から、戦争の傷跡、米軍基地の現状等を伝える。

観光コースでない **ベトナム** ●歴史・戦争・民族を知る旅
伊藤千尋著　1，500円
北部の中国国境からメコンデルタまで、遺跡や激戦の跡をたどり、二千年の歴史とベトナム戦争、今日のベトナムを紹介。

観光コースでない **東京** 新版
轡田隆史著／写真・福井理文　1，400円
名文家で知られる著者が、今も都心に残る江戸や明治の面影を探し、戦争の神々を訪ね、文化の散歩道を歩く歴史ガイド。

観光コースでない **アフリカ大陸西海岸**
桃井和馬著　1，800円
気鋭のフォトジャーナリストが、自然破壊、殺戮と人間社会の混乱が凝縮したアフリカを、歴史と文化も交えて案内する。

観光コースでない **ウィーン** ●美しい都のもう一つの顔
松岡由季著　1，600円
ワルツの都。がそこはヒトラーに熱狂した舞台でもあった。今も残るユダヤ人迫害の跡などを訪ね20世紀の悲劇を考える。

観光コースでない **シカゴ・イリノイ**
デイ多佳子著　1，700円
アメリカ中西部の中核地帯を、在米22年の著者がくまなく歩き回り、超大国の歴史と現在、明日への光と影を伝える。

◎表示価格は本体価格です（このほかに別途、消費税が加算されます）。